新型城镇化与教育发展丛书
NEW-TYPE URBANIZATION and
EDUCATION DEVELOPMENT

主编：谈松华
副主编：张双鼓　江波　杨子健

新型城镇化背景下
基础教育资源配置研究

Research on the Allocation of Basic Education Resources Under
the Background of New-type Urbanization

汤林春　等著

同济大学出版社
TONGJI UNIVERSITY PRESS

图书在版编目(CIP)数据

新型城镇化背景下基础教育资源配置研究 / 汤林春等著. -- 上海：同济大学出版社，2018.5
（新型城镇化与教育）
ISBN 978-7-5608-7826-3

Ⅰ.①新… Ⅱ.①汤… Ⅲ.①基础教育－教育资源－资源配置－研究－中国 Ⅳ.①G639.2

中国版本图书馆 CIP 数据核字（2018）第 082770 号

新型城镇化背景下基础教育资源配置研究
汤林春　等著

责任编辑　姚宝娶　　责任校对　徐春莲　　封面设计　唐思雯

出版发行	同济大学出版社　www.tongjipress.com.cn （上海市四平路1239号 邮编：200092 电话：021-65985622）
经　　销	全国各地新华书店
排　　版	南京新翰博图文制作有限公司
印　　刷	上海安兴汇东纸业有限公司
开　　本	787 mm×1 092 mm　1/16
印　　张	11.75
字　　数	235 000
版　　次	2018年5月第1版　2018年5月第1次印刷
书　　号	ISBN 978-7-5608-7826-3
定　　价	58.00元

本书若有印装质量问题，请向本社发行部调换　　版权所有　侵权必究

新型城镇化与教育发展丛书
编辑委员会

顾　问：郝克明　闵维方　厉以宁　郑新立
主　任：谈松华
副主任：张双鼓　江　波　杨子健
编　委：(按姓氏笔画为序)
　　　　丁延庆　于立平　王　建　王　烽　王　雁
　　　　王　蕊　王　燕　王继新　付卫东　江　波
　　　　汤林春　李　渡　李伟涛　杨子健　汪　明
　　　　宋知程　张双鼓　周凯敏　周满生　柯　玲
　　　　顾月华　栾　峰　谈松华　黄晓婷　崔永平
　　　　蒋　承

序

序

教育资源配置是一个国家和地区教育改革和发展的重要基础,因为教育改革和发展必须以资源作为基础,而资源配置是否合理对于长远发展来看具有支柱性作用。过去我们对这个问题不能说没有研究,因为过去一个时期怎么建设学校的问题应该说都是有规划的,但是现在教育发展进入了新阶段,确实对资源配置提出了新要求。党的十九大报告指出,我国社会主要矛盾已经转化为人民日益增长的美好生活需要和不平衡不充分的发展之间的矛盾。这是关系全局的历史性变化,对推动城镇化提出了新的要求。在过去的五年,我国城镇化率年均提高1.2个百分点,八千多万农业转移人口成为城镇居民。面向未来,贯彻创新、协调、绿色、开放、共享的发展理念的要求,在新型城镇化发展中推进基础教育资源配置水平的提高,需要新的观念、方式与机制。

本书聚焦新型城镇化背景下的基础教育资源配置,是以往学校布局调整课题的扩展和深化,从原来的空间的资源配置概念扩展成为整个基础教育的资源配置。正是由于内容的扩展,基础教育资源配置的问题研究实现了深化。以上海市教科院普教所为主的团队完成的研究成果,从问题的提出到概念的界定,从研究的视野和方法到研究的结果,都体现出较高的专业性,并且令人欣喜的是课题主要研究人员都比较年轻,他们在理论分析与案例分析上的研究成果为深入思考和优化基础教育资源配置提供了诸多启示。

尽管基础教育资源配置在不同地区面临的问题并不完全一样,但是从总体上讲,确保高普及水平的同时,提高的问题已经成为需要前瞻研究的主要问题。基础教育的资源配置与GDP水平存在重要的关系,因为经济发展水平不同,它的资源配置要求是不一样的。但这个关系需要深入认识和分析,不是简单的线性关系,高GDP水平不一定能够带来资源配置水平的提高。正因此,我们确实要研究不同发展阶段教育资源配置的重点和多样模式。

该研究针对新型城镇化背景下教育发展问题的变化,提出了传统的资源观与供给主体都存在局限性,并从范式的角度论述了走向治理的新范式。无论从基础教育资源配置的矩阵图,还是基础教育资源配置要素-主体的对应表,还是效果评估指标的尝试构想,都彰显出本研究所具有的新意。

该研究按照锚定价值取向——比较路径策略——提出政策建议的方法,阐释基础教育各个学段的资源配置转变问题。一方面,这体现出分类细化的研究特点,使得研究结论具有高度的针对性。从问题导向来看,学前教育、义务教育、普通高中教育、中等职业教育面临的资源配置问题存在着差异。另一方面,这体现出研究遵循的方法论,使得研究体现出规范性与实证性的有机结合。

该研究中对于学前教育"普惠"、义务教育"均衡"、高中教育"多样"、中等职业教育"匹配"的价值分析，属于规范性研究，"锚定"了价值取向，这是比较路径策略的前提。没有这种"锚定"，路径策略的选择就缺失了方向、标准。当然，标准并不等同于划一。目前，教育部门日益意识到了标准的重要并予以谋划。但与此同时需要注意的是，标准包含基本标准和多样化的标准，二者之间有所区别。从全国来讲，国家确定的基本标准，是基本要求。而不同地区根据教育发展的需要，制定适合本地的具体标准，体现特色。总之，标准既要有基本标准，又要有多样化的标准。

该研究对于路径策略的比较，运用了国内外地区的案例，并对地区之间的案例进行分析。上海在基础教育资源配置的优化上探索出一条科学有效的路径，本研究所给予的案例分析提供了有益启示。与此同时，上海市教科院普教所通过深入的文献研究，收集大量国内案例，以及美国、英国、韩国和新加坡等国的例子，此外还深入甘肃等西部地区开展实地调研，这都使研究体现出较强的实证性。

无论是价值取向分析还是路径策略比较分析，其落脚点都是服务于基础教育资源配置模式的转变。该研究站在促进基础教育"规模、结构、效益、质量"的协调发展，为学生健康快乐成长提供充足的资源的高度，在重新审视基础教育资源配置模式影响因素的基础上，提出了构建一个多元、灵活、适切、有效资源配置模式的设想。并针对城乡差异、不同群体接受良好教育、不同资源要素，提出了配置建议。这为我国在新时代背景下持续优化基础教育资源配置，提供了宝贵启示。

谈松华

中国教育发展战略学会顾问

目录

序

第一章　机遇与挑战：新型城镇化对基础教育资源配置的影响 …………… 001
　　一、城镇化是现代化的重要引擎 …………………………………… 002
　　二、新型城镇化是以人为核心的城镇化 …………………………… 003
　　三、新型城镇化为优化基础教育资源配置带来机遇 ……………… 005
　　四、新型城镇化给基础教育资源配置带来挑战 …………………… 007

第二章　范式转变：基础教育资源配置的新资源观与供给 ……………… 015
　　一、基础教育资源配置的理论基础 ………………………………… 016
　　二、基础教育资源配置的旧范式及转变的必然性 ………………… 018
　　三、基础教育资源配置的新范式——基于新资源观与供给改革的分析 … 021

第三章　普惠：学前教育资源配置 ………………………………………… 029
　　一、学前教育资源配置的背景和政策的价值取向 ………………… 030
　　二、学前教育资源配置的发展特征与现实挑战 …………………… 033
　　三、国内学前教育资源配置的实践经验 …………………………… 038
　　四、对学前教育资源配置的建议 …………………………………… 048

第四章　均衡：义务教育资源配置 ………………………………………… 055
　　一、义务教育资源配置的价值取向 ………………………………… 056
　　二、义务教育资源配置的现状分析 ………………………………… 057
　　三、义务教育资源优质均衡配置的经验 …………………………… 065
　　四、对义务教育资源配置的建议 …………………………………… 075

第五章　多样：普通高中教育资源配置 …………………………………… 089
　　一、资源配置背景分析：正在走向普及、优质、多样的普通高中教育 …… 090
　　二、资源配置面临的挑战 …………………………………………… 091
　　三、国内普通高中资源配置的有益探索与经验 …………………… 094
　　四、政策建议 ………………………………………………………… 099

第六章　匹配：中等职业教育资源配置 …………………………………… 103
　　一、当前中等职业教育资源配置的背景及价值取向 ……………… 104
　　二、中等职业教育资源配置的主要经验 …………………………… 107
　　三、当前中职教育资源配置面临的风险 …………………………… 114

四、对中等职业教育的政策建议 …………………………………… 118

第七章　借鉴：基础教育资源配置的国际经验 ………………………… 121
　　一、立法保障教育资源衡量配置 …………………………………… 123
　　二、教育经费拨付力求满足需求 …………………………………… 126
　　三、探索办学模式的多样化改革 …………………………………… 130
　　四、多渠道并举提升师资水平 ……………………………………… 137
　　五、实施针对性的教育补偿计划 …………………………………… 143
　　六、教育资源配置的国际经验 ……………………………………… 151

第八章　前瞻：基础教育资源配置模式的再思考 ……………………… 159
　　一、基础教育资源配置模式影响因素再分析 ……………………… 160
　　二、新型城镇化影响基础教育资源配置模式的再分析 …………… 163
　　三、构建多元、灵活、适切、有效的基础教育资源配置模式的设想 … 166
　　四、构建新型基础教育资源配置模式的着力点 …………………… 167

参考文献 ………………………………………………………………… 171

后记 ……………………………………………………………………… 175

第一章

机遇与挑战：新型城镇化对基础教育资源配置的影响

党的十九大提出新型工业化、信息化、城镇化、农业现代化同步发展，这既是回应当前经济社会发展趋势的重大抉择，也是推进新时代中国特色社会主义建设的重要战略。新型城镇化虽然只多了"新型"两个字，但与传统城镇化相比，在理念、内涵、目标、内容与策略等方面存在诸多区别，对其进行研究，用其精神来指导基础教育资源配置，将有助于基础教育资源配置的转型，更好地发挥基础教育资源的效用，能进一步促进基础教育现代化的早日实现。

一、城镇化是现代化的重要引擎

党的十九大报告指出，从十九大到二十大，是"两个一百年"奋斗目标的历史交汇期。我们既要全面建成小康社会、实现第一个百年奋斗目标，又要乘势而上开启全面建设社会主义现代化国家新征程，向第二个百年奋斗目标进军。综合分析国际国内形势和我国发展条件，从二〇二〇年到本世纪中叶可以分两个阶段来安排。

第一个阶段，从二〇二〇年到二〇三五年，在全面建成小康社会的基础上，再奋斗十五年，基本实现社会主义现代化。到那时，我国经济实力、科技实力将大幅跃升，跻身创新型国家前列；人民平等参与、平等发展权利得到充分保障，法治国家、法治政府、法治社会基本建成，各方面制度更加完善，国家治理体系和治理能力现代化基本实现；社会文明程度达到新的高度，国家文化软实力显著增强，中华文化影响更加广泛深入；人民生活更为宽裕，中等收入群体比例明显提高，城乡区域发展差距和居民生活水平差距显著缩小，基本公共服务均等化基本实现，全体人民共同富裕迈出坚实步伐；现代社会治理格局基本形成，社会充满活力又和谐有序；生态环境根本好转，美丽中国目标基本实现。

第二个阶段，从二〇三五年到本世纪中叶，在基本实现现代化的基础上，再奋斗十五年，把我国建成富强民主文明和谐美丽的社会主义现代化强国。到那时，我国物质文明、政治文明、精神文明、社会文明、生态文明将全面提升，实现国家治理体系和治理能力现代化，成为综合国力和国际影响力领先的国家，全体人民共同富裕基本实现，我国人民将享有更加幸福安康的生活，中华民族将以更加昂扬的姿态屹立于世界民族之林。

党的十九大强调推动新型工业化、信息化、城镇化、农业现代化同步发展。一般而言，城镇化是人口向城镇集中并由此推动城镇发展的过程。社会经济发展是城镇化发展的内在动力。在较长的时期内，高速经济增长导致了大规模城镇化。有专家认为，外向型经济对沿海地区城镇化的推动作用巨大，特别是对大城市、特大城市、超级大都市的发展作用突出。过去30年,中国工业化和服务业发展支撑了城镇化。[1]

但近年来工业支撑的持续能力已有减弱。原因是在很长时期内,中国走的是"低端产品"生产模式,发展了许多劳动力密集型产业,在很大程度上是靠投资拉动经济增长,在知识经济时代显然难以为继。特别是在2008年金融危机后,国际需求不振,中国外贸的边际效应不断降低,这样单纯依靠外向型经济和投资推动中国经济增长已不现实。有专家认为,我国经济的良性发展必须由"偏重投资拉动"转变为"偏重消费拉动"。但是这种转变必须有一个过渡,那就是"投资与消费并重拉动"阶段,城镇化正是这种过渡路径。[2] 一方面,推进城镇化可有效拉动投资需求。城镇化的过程伴随着农村人口向城镇的转移。据有关统计,每增加一个城市人口,城市基础设施建设投资至少需要10万元,若每年增加1 000万城市人口,就需要1万亿元基础设施建设投资。据估计,按照现有城镇化速度,年均20万亿元以上的投资规模将会维持20年左右。如此长时期大规模的投资需求,必将成为下一轮经济持续增长的新引擎。另一方面,推进新型城镇化可有效提升消费需求。城镇化可创造大量就业机会,增加城乡居民收入,提升消费层次,有效提高城乡居民消费能力,扩大居民消费规模。据测算,城镇居民消费水平是农村居民的3.6倍,一个农民转化为市民,每年将增加1万多元消费,我国城镇化每提高一个百分点,就可以吸纳1 000多万农村人口进城,可以带动1 100多亿元的消费需求。因此不难理解城镇化是刺激投资、扩大消费的重要手段,也是摆脱外向型经济过于依赖外需的困境,通过拉动内需来激活国内市场活力的有效策略。

为了实现"两个一百年"的奋斗目标和落实中国现代化"三步走"的战略,并最终实现中华民族伟大复兴的中国梦,中国共产党果断选择了新型城镇化道路,并做了顶层设计和长期安排。推进中国城镇化战略,必然会给中国甚至世界带来翻天覆地的重大变化。正如美国诺贝尔经济学奖获得者斯蒂格利茨(J. E. Stiglitz)预言:"中国的城市化和以美国为首的新技术革命将成为21世纪影响人类的两件大事。"

二、新型城镇化是以人为核心的城镇化

在过去一段时间里,中国城镇化速度非常快,但人的城镇化水平相对较低。"九五"期间,有三年的城镇化率每年增加1.7个百分点;"十五"期间年平均增长1.4个百分点;"十一五"期间年平均增长1.3个百分点,即每年城镇新增人口在1 800万以上。但

---

[1] 陆大道,陈明星. 关于"国家新型城镇化规划(2014—2020)"编制大背景的几点认识[J]. 地理学报,2015,70(2):179-185.
[2] 孙雅姗. 我国新型城镇化的提出背景及现实意义[J]. 西安文理学院学报(社会科学版),2014(5):87-91.

在这表面数字后,却隐藏着实际人口城镇化率低的尴尬。如2012年中国城镇化率达到52.6%,而实际人口城镇化率只有35%。全国有2.6亿农民工没有市民化,他们在生活与工作条件上并没有享受与城市居民同等的条件,属于"半城镇化"。

传统城镇化消耗了大量资源。如过去30年,我国城市人口增长了1倍,城区面积却增加了近4倍。年均建设占用耕地355万亩,以人均耕地1.39亩算,年均新增失地农民约260万人。照此速度,在未来20-30年的时间里,中国失地农民将会增至1亿人以上。在"十五"期间,各地大搞所谓"国际大都市"、大广场、大马路等。过去10年来,许多城市以各种类型的"新区""新城""开发区"等进行大规模圈地,一规划就是几十平方公里甚至上千平方公里。由于城市建设占地迅速扩张,城市人均占地很快达到110~130 m^{2}的高水平。这个占地指标是大多数人均耕地资源比中国多几倍乃至十几倍的发达国家水平。[3]

传统城镇化一定程度上带来了生态问题。一段时期以来,城镇化推动人口大量向东部城市和大型城市集中,中等城市发展相对缓慢,小城市功能不完善,小城镇比较分散,这导致了空间过度集中、经济结构失衡、资源大量消耗、环境严重污染、社会矛盾激化等一系列问题,一些城市患上了较为严重的"城市病",一些乡村逐步荒芜"空心化"。在短暂的20来年时间里,中国城镇化率就从1978年的17.9%上升到2013年的53.7%[4],意味着已有超过50%的人口居住在城市,但城市的基础设施建设跟不上,加之进入城市生活的转移人口市民化过程还需要一段时间,这对城市的资源承载力和生活服务水平都将是一个严峻的挑战。事实上由于有的城市设计理念相对落后,基础设施不到位,再加之一些新兴工业区的过度排放,导致生态环境恶化,已经严重影响城市和乡村协调可持续发展。随着社会矛盾的突出,市民意识的觉醒,加上生态脆弱、资源短缺,中国的城镇化已不能再走传统城镇化的老路了。

针对这些问题,2002年党的十六大就提出要走有中国特色的城镇化道路。2013年,十八届三中全会通过《中共中央关于全面深化改革若干重大问题的决定》,明确提出走新型城镇化道路。2013年底,中央又召开城镇化工作会议,明确新型城镇化的指导思想、目的以及具体的路径。2014年3月,国务院正式公布《国家新型城镇化规划(2014—2020年)》(以下简称《规划》)。在《规划》的"指导思想"部分明确提出:"紧紧围绕全面提高城镇化质量,加快转变城镇化发展方式,以人的城镇化为核心,有序推进农业转移人口市民化。"必须坚持以人为本,公平共享;四化同步,统筹城乡;优化布局,集约高效;生

---

[3] 陆大道.我国的城镇化进程与空间扩张[J].城市规划学刊,2007(4):47-52.
[4] 谈松华.新型城镇化与教育[M].上海:同济大学出版社,2016:22.

态文明,绿色低碳;文化传承,彰显特色;市场主导,政府引导;统筹规划,分类指导等原则。

有专家认为,"新型城镇化"是在"城镇化"概念基础上的进一步展开,其在人口集聚、非农产业扩大、城镇空间扩张和城镇观念意识转化等方面与"传统的"城镇化概念并无显著差异,但在实现过程的内涵、目标、内容与方式上有所区别。由此认为,新型城镇化是以民生、可持续发展和质量为内涵,以追求平等、幸福、转型、绿色、健康和集约为核心目标,以实现区域统筹与协调一体、产业升级与低碳转型、生态文明和集约高效、制度改革和体制创新为重点内容的崭新的城镇化过程。[5]

总体而言,"新型城镇化"与传统的城镇化在理念和实现路径上均有不同,主要呈现三个方面的特征:一是以人的发展为核心;二是关注人口空间流动及其对城镇、城市的深层次挑战;三是把城镇、城市的可持续协调发展放到突出位置,为全面建成小康社会提供保障。可以预见,在未来一段时间里,我国城市发展将沿着不同于以往的轨迹前进,而"以人为核心"将是其本质特征,这就意味着要"合理引导人口流动,有序推进农业转移人口市民化,稳步推进城镇基本公共服务常住人口全覆盖,不断提高人口素质,促进人的全面发展和社会公平正义,使全体居民共享现代化建设成果。"正因这样,城镇化不是城镇人口比重的简单变化,本质上是人类现代化的过程和结果。[6]

三、新型城镇化为优化基础教育资源配置带来机遇

经济社会发展为教育发展提供了动力与支撑,教育发展也要主动适应经济社会发展,并为之提供基础性、先导性的智力人才服务。新型城镇化蕴含全新的发展理念,又符合经济社会发展的大趋势,具有科学性与先进性。根据新型城镇化的要求配置教育资源,自然为优化教育资源配置带来机遇,有利于提升教育资源的使用效益。

(一)新型城镇化对基础教育资源配置提出了明确要求

在《国家新型城镇化规划(2014—2020年)》(以下简称《规划》)里,明确提出要实施"以人为核心的城镇化",要求"稳步推进城镇基本公共服务常住人口全覆盖,不断提高人口素质,促进人的全面发展和社会公平正义"。这大概有三层含义:一是基础教育中相当部分就属于基本公共服务范畴,这些部分要为所有常住人口服务。二是人的城镇

---

[5] 单卓然,黄亚平."新型城镇化"概念内涵、目标内容、规划策略及认知误区解析[J].城市规划学刊,2013(2):16-22.
[6] 张鸿雁.中国新型城镇化理论与实践创新[J].社会学研究,2013(3):1-14.

化,关键要靠教育。因为教育本来是培育人的事业,它本质上是有目的、有计划、有组织培育人的社会实践活动。大量农业人口市民化的过程,也必然要依靠教育的作用。三是不仅要个人的全面发展,还要全体市民及城乡居民的平等发展。这为基础教育资源配置提出了总体的原则思路。

《规划》的第七章第一节"保障随迁子女平等享有教育权利",明确指出:"将农民工随迁子女义务教育纳入各级政府教育发展规划和财政保障范畴,合理规划学校布局,科学核定教师编制,足额拨付教育经费,保障农民工随迁子女以公办学校为主接受义务教育。对未能在公办学校就学的,采取政府购买服务等方式,保障农民工随迁子女在普惠性民办学校接受义务教育的权利。逐步完善农民工随迁子女在流入地接受中等职业教育免学费和普惠性学前教育的政策。"这就具体从学前教育、义务教育和中等职业教育等方面规定了农民工随迁子女在流入地接受教育的权利,并对教育资源配置做出了明确安排。

《规划》的第八章第一节"建立成本分担机制",要求建立健全由政府、企业、个人共同参与的农业转移人口市民化成本分担机制,根据农业转移人口市民化成本分类,明确成本承担主体和支出责任。政府要承担农业转移人口市民化在义务教育、劳动就业、基本养老、基本医疗卫生、保障性住房以及市政设施等方面的公共成本。企业要落实农民工与城镇职工同工同酬制度,加大职工技能培训投入,依法为农民工缴纳职工养老、医疗、工伤、失业、生育等社会保险费用。农民工要积极参加城镇社会保险、职业教育和技能培训等,并按照规定承担相关费用,提升融入城市社会的能力。这明确了政府、企业和个人在农业转移人口市民化中应承担的责任,也为基础教育资源配置提供了成本分担的依据。

有了这些政策设计,就有利于相关部门明确职责、具体落实,有利于较快地建立健全相关体制机制,使基础教育资源配置更加有效。

(二)新型城镇化的分类设计为基础教育资源配置提供了重要依据

在《规划》的第六章第二节,对差别化落户政策做了规定,2014年9月又有新的划分办法,从特大城市中划分出了超大城市一类。原来特大城市有140个,经调整后,划分出16个超大城市。《规划》明确,以合法稳定就业和合法稳定住所(含租赁)等为前置条件,全面放开建制镇和小城市落户限制,有序放开城区人口50万-100万的城市落户限制,合理放开城区人口100万-300万的大城市落户限制,合理确定城区人口300万-500万的大城市落户条件,严格控制城区人口500万以上的特大城市人口规模。大中城市可设置参加城镇社会保险年限的要求,但最高年限不得超过5年。特大城市可采取积分制等方式设置阶梯式落户通道调控落户规模和节奏。通过对不同规模城市采取不同的落户政策,调控城市的人口规模,这就为基础教育资源配置提供了人口学依据。

对不同区域的城镇化,采取不同的推进策略。对东部地区主要是优化提升城市群,对中西部地区主要是培育发展城市群。对不同类型的城市也采取差异化对策,要求增强中心城市辐射带动功能,加快发展中小城市,有重点地发展小城镇。

由此可见,东部地区及大型和特大型城市重在优化结构布局,增强辐射功能,而中西部地区和中小城市及城镇在规模上都将有一个快速增长期,这必将对宏观及中观的人口布局产生重大影响。根据国家发展和改革委员会组织编写的《国家新型城镇化报告2015》(以下简称《报告》):2015年,我国城镇人口总量达到77 116万人,城镇化率达到56.1%,比2010年提高了6.15个百分点。相比2010年,东部地区城镇化率提高了3.9个百分点,年均提高0.95个百分点;而中部、西部地区分别提高5.6个百分点和6.0个百分点,年均提高了1.55个百分点和1.48个百分点,可见中西部地区城镇化率提升快于东部。

城市形态的变化必将导致人口布局的变化,而人口布局的变化必将对基础教育资源的配置产生新的需求。如上海2007年对城市建设提出了一个"1966计划"——即1个中心城区、9个新城、60个镇、600个中心村的概念,对应中心城区、新城、镇和中心村确定了不同的人口计划数。根据这些人口计划数,就要配置相应数量的公共服务设施,其中就有中小学校、幼儿园,因此这个计划是上海市进行中小学校和幼儿园设点布局的重要依据,而现有的布局结构有可能就会被打破。

四、新型城镇化给基础教育资源配置带来挑战

新型城镇化坚持以人为核心,同时强调公正共享、统筹协调、集约发展、分类指导等理念,这既会对城市形态、产业结构、人口布局产生深远影响,也会对人的发展提出新的要求,基础教育资源配置既要与之相适应,也应为实现新型城镇化的蓝图提供必要的支撑。但由于传统的基础教育资源配置方式是在过去的背景下产生的,其理念、主体、要素、途径及评价等都与过去相适应,如何应对新型城镇化的新要求,必然要有大的转变,必然会面临各方面的挑战。

(一)新型城镇化给教育资源配置带来的变化

一是要以常住人口为基数配置基础教育资源。《规划》里明确要坚持"以人为本、公平共享"原则,提出了"稳步推进城镇基本公共服务常住人口全覆盖"的要求。基础教育

很大一部分属于基本公共服务范畴,这就意味着要以常住人口为基数配置基础教育资源,如果还是采用以往只根据户籍人口配置基础教育资源的做法,根本不可能实现基本公共教育服务覆盖全部常住人口。在常住人口中人才引进型及外籍人口等原来在政策中已有安排,且数量并不多,关键是农民工随迁子女的教育问题比较棘手,一方面流动性强,另一方面数量巨大。如上海20世纪80年代城区和郊区的学生人数是3∶1,随着中心城区人口向外迁移,及外来人口在城郊接合部的集聚,现在是反过来了,市中心城区和郊区的学生比例是1∶3。原来市中心的学生大概占75%,郊区的学生大概占25%,现在市中心的学生大概占25%,市郊占75%。从年级来看,现在小学一二年级的学生,有的区县户籍学生与随迁子女学生已经倒挂了,户籍人口子女占40%左右,而随迁子女大概有50%左右。即使是中心城区,也有相当一部分是随迁子女。如果根据常住人口配置基础教育资源,那么资源配置结构及数量都应发生巨大变化。

　　二是要实施城乡教育资源配置一体化。《规划》要求"四化同步,统筹城乡",促进城乡要素平等交换和公共资源均衡配置。这里大概有两层含义:一是要促进城乡资源要素的相互流动;二是公共教育资源要在城乡之间进行均衡配置。而要实现这两点,就必须采取基础教育资源配置城乡一体化策略。如上海市为促进新型城镇化背景下城乡基本公共教育服务均等化,努力缩小城乡和校际间的差距,制定了《促进本市城乡义务教育一体化的实施意见(暂行)》,统一全市义务教育阶段公办学校建设、设施设备配置、信息化建设、教师配置与收入、生均经费等标准,加大公共资源和财政投入支持郊区农村义务教育发展的力度,促进城乡义务教育一体化发展,提升全市基本公共教育服务水平。

　　三是要充分发挥市场和政府在基础教育资源配置中的作用。《规划》明确提出"市场主导、政府引导"的原则,要求正确处理政府和市场的关系,更加尊重市场规律,坚持使市场在资源配置中起决定性作用,更好发挥政府作用,切实履行政府制定规划政策、提供公共服务和营造制度环境的重要职责,使城镇化成为市场主导、自然发展的过程,成为政府引导、科学发展的过程。虽然这是对城镇化总体而言,不一定完全适合基础教育资源配置,但也不无启示。从当前情况来看,学前教育与高中阶段教育属非义务教育,不是纯公共产品,基本算准公共产品,以政府投入为主,社会与个人要承担较多的投入责任,而小学与初中属义务教育,可以算作纯公共产品,社会与个人承担的投入责任极为有限,但也可以通过政府购买服务的方式,发挥社会与个人的作用。当前教育综合改革以建立现代教育治理体系、提升教育治理能力为主线,实质上就是要厘清相关教育主体的关系,明确相关主体的责任,充分发挥各相关主体的功能。因此,在基础教育资源配置上如何处理市场与政府的关系还要视情况而论,不可一刀切。

四是要提升基础教育资源的使用效益。针对传统城镇化过程中出现的偏重数量轻视质量,造成资源浪费及破坏生态环境的现象,《规划》中反复强调要"优化布局,集约高效",倡导"生态文明,绿色低碳"。其目的在于提高资源的利用效率,减少资源的损耗,保护生态环境。其思想理念应用到基础教育资源配置中来,意味着,要改变以往基础教育资源只管投入、不管绩效的方式,资源投入既要讲数量,也要讲结构,还要供需匹配,而资源投入之后,如何分配、如何使用以及使用效益如何,都要进行系统的设计与安排,这样才能做到既集约分配资源,又能提高资源的使用效益。如根据教育规划纲要和《国务院关于加快发展现代职业教育的决定》要求,总体保持普通高中和中等职业学校招生规模大体相当是当前和今后一个时期高中阶段学校招生工作的基本原则。各地根据这一要求进行普通高中和中等职业学校的布局。但课题组在某省调研时发现,由于传统社会观念对职业教育的偏见,加之中等职业学校专业设计与教育质量跟不上,许多初中毕业生如果考不上普通高中,宁愿选择民办高中,也不会主动选择职业高中。实际上一个区能办好一所职业高中就不错了,可有的区建了两所甚至三所,以致职业高中普遍招不满学生,为了不让校舍闲置,一些职业高中办起高复班。这样造成职业高中的专业教师和专业设备的极大浪费,也让政府对中等职业教育的补助资金"打了水漂"。[7]

(二) 基础教育资源配置面临的问题

1. 如何进一步加大资源投入总量

经过各方长期的努力,2012 年我国首次宣布财政性教育经费支出占国内生产总值(GDP)的比例超过 4%,这意味着当年有 20 000 亿元人民币用于教育,占当年国家财政性支出的六分之一。这个教育经费看似天文数字,但对于中国的教育现状来说还很不够,相对世界 4.9% 的平均水平,完成 4% 的硬指标,仅仅达到衡量一个国家教育水平的及格线。美国、日本、韩国、印度,教育经费支出占 GDP 比例是 4.7%-7.4%。[8] 目前,我国教育规模依然保持着世界第一,大约有 2.6 亿学生、1 600 万教师和 50 多万所学校,如此大规模的教育,资源需求非常巨大;同时教育事业快速优质发展,教育现代化目标实现,客观上提高了对资源层次类型的要求;为了提升教育内涵质量,我们仍有许多深层次的教育问题需要解决,所以今后政府还要继续提高教育投入的比重,4% 不是底线,更非上限,而是教育改革和发展的新起点。

---

[7] 资料来源:项目组在甘肃省某些区的调研。
[8] 教育经费硬指标首次实现"4%"目标,搞定!.21 世纪网,2013-01-04.

以学前教育为例,学前教育由于起点低、底子薄、欠账多,目前仍面临许多困难,其中普惠性资源依然短缺,"入园难"压力持续存在最为突出。连片特困地区入园率普遍在50%以下。城市入公办园难、入普惠性民办园难、就近入园难、流动人口子女"入园难"仍未根本解决。"单独二孩"政策带来新的入园需求,局部地区"入园难"可能加剧。

再看高中,高中学校扩大办学规模的投入、学校办学条件的改善,其资金相当部分靠贷款、借款等方式筹措。特别是中西部地区普通高中教育经费投入偏低。以2013年全国普通高中生均预算内教育事业费指标看,东部为6 981.7元,中部为4 080.0元,西部为5 239.4元,中西部明显低于东部。一些贫困地区高中阶段教育普及水平的省内地区差距也十分明显,集中连片特困地区则特别需要引起关注。以目前可供分析的2012年数据为例,集中连片特困地区680个县所在地市中毛入学率低于70%的有33个,其中低于50%的地市有11个。中西部未纳入连片特困地区的77个边境县和40个民族自治县的高中阶段教育普及水平也较低。此外,2012年680个县中有83个县没有普通高中,拉低了本地区的高中阶段教育普及水平。

如何进一步扩大投入和提高标准,整体提升办学条件,进一步优化办学质量,依然是资源配置不容回避的一大挑战。

2. 如何满足教育资源的差异化需求

当前,我国教育的形势正在发生着深刻的变化,对资源的需求也日趋多样化。我国幅员辽阔,区域经济发展水平和教育保障能力不同,教育发展的区域性差异客观存在;义务教育和非义务教育之间、不同学段之间、学校之间也因多种因素而体现出差异性的发展需求。总的来讲,各地各级各类学校组织的复杂化、结构的多样化、水平的差异化以及人民群众教育诉求的个性化都在不断增强,教育资源需求差异化更加突出。

(1) 地区差异的挑战。从高中来看,根据教育部基础教育二司2015年的材料,2014年全国初中毕业生升学率为95.1%,西部地区为91.5%,中部地区为94.4%,与东部地区仍有不小差距,中、西部地区初中毕业生进入高中接受教育的需求还不能充分满足。西藏自治区的初中毕业生升学率仍低于70%。中西部贫困地区、特别是高中阶段教育普及水平较低的地区,普通高中教育资源还不能很好地满足初中毕业生的就学需要。2014年全国普通高中56人以上大班额仍占39.9%,西部地区则达到50.6%。东、中、西部地区普通高中生均校舍面积、信息化水平、仪器设备配置水平均存在明显差距。以2014年全国普通高中生均教学仪器设备值指标看,东部为3 975.4元,中部1 817.9元,西部2 237.8元。

（2）城乡差异显著。以山东某地教师学历为例，据对山东省某市的调研[9]结果表明，义务教育阶段的教师资源配置不均衡，尽管学历并不是衡量教师素质的唯一指标，但也是反映师资质量的指标之一。由表 1-1 可见，城乡教师的学历差异十分显著。农村小学的中师比例达到 25.9%，而城市小学的中师比例仅为 2.5%。农村初中本科学历以上的教师占 57.3%，城市中学本科以上的比例占 78.5%。

表 1-1　　　　　　　　　山东某市城乡教师学历结构比较

类别	中师	大专	本科	研究生	本科及以上学历
农村小学	25.9%	21.3%	44.4%	2.8%	47.2%
城市小学	2.5%	29.4%	58.8%	6.7%	65.5%
农村初中	5.5%	37.3%	50.9%	6.4%	57.3%
城市中学	1.8%	19.8%	55.1%	23.4%	78.5%

（3）校际差异不容忽视。无论是东部、中部还是西部地区，由于多种因素综合作用，学校之间的发展差异客观存在，有的甚至较为突出。例如，项目组在甘肃省安定市定西区的调研中发现，已通过市级标准化学校认定的中小学，严格来说，标准化程度偏低，部分学校的部分指标值达不到甘肃省义务教育学校办学基本标准的要求。定西区目前有小学生的小学和九年制学校共 83 所，有初中学生的独立初中、九年制学校和完全中学共 42 所[10]，从测算数据来看，定西区义务教育校际间均衡状况的 8 项指标差异系数严重超标，义务教育均衡发展任重道远。

面对差异化的需求，如何通过有效的资源配置适应差异化的发展战略定位，如何弥补短板？（如城镇学前教育大班额问题，乡村学前教育供给不足问题，西部城区义务教育大班额问题等）如何在基本条件达标后提供政策、制度等软资源等以释放办学主体的活力？如何缓解标准化投入和学校特色发展的矛盾？这些难题需要加以研究和破解。

3. 如何实现教育资源的动态匹配

当前导致人口结构、数量、分布变化的因素依然很多，这些因素总体上共同造成入学人口的不确定性，从而给资源配置造成挑战。

城镇化是我国社会发展的总体趋势，与城镇化相关的人口分布变化提升了资源配置的难度。研究表明，每提高 1 个百分点的城镇化率，就意味着每年有 1 000 多万农村

---

[9] 曹丽媛. 城乡教育一体化视阈下义务教育师资均衡配置研究——以山东省 W 市为例[D]. 淮北师范大学，2014.
[10] 资料来源：项目组在定西区调研访谈。

人进入城市。《国家新型城镇化规划(2014—2020年)》指出,我国当前正处于城镇化率30%-70%的快速发展区间。从现在到2030年,是我国城镇化的快速发展期,预计到2030年的时候,我国的城镇化率将接近70%。快速城镇化进程的一个直接后果是大量农村学龄儿童涌入城镇地区,农村学龄人口进一步减少是大趋势。受教育人口的迁徙,必然导致教育空间布局的变化,出现城区挤、农村空不可避免。

人口分布不均带来资源优化配置和效益提升的难题。根据项目组对甘肃调研的数据,2014年,甘肃省安定市定西区城区小学平均班额为58人,城区初中平均班额61人。2010年OECD国家小学和初中的班额分别为21人和23人。伴随着城镇大班额出现的是农村小规模学校的出现。百人(学生人数不足100人)以下的教学点大量涌现,如甘肃会宁县到2017年,全县学校的分布为教学点200所,小学87所,初级中学38所。这200个教学点中,其中小学(教学点)的人数有1-3人的、有4-5人的、有6-10人的、有11-20人的,也有21-30人的等等。教学点基本的教学设施要具备,但是利用率极低,关闭这些点,又不符合政策导向。结果导致有限的资源分散化,谈不上优化配置。

以"二孩"政策为主的人口生育政策调整可能释放的生育活力不可轻视,但难以精确估计。据新华网10月30日消息,2016年我国公民的生育登记申请数量明显增加,出生人数呈明显增长势头,上半年全国出生人口831万人,同比增长6.9%;两孩出生比重为44.6%,与去年相比,上升了6.7个百分点。[11] 不过同时也有调查指出,计划二胎量和实际出生婴儿数之间尚有不少差异。显然,"二孩"政策必然增加入学人数,但难以精确统计和评估。

异地高考、异地中考、积分制入学等形成的"读书移民"加剧了生源分布的不确定性,这对资源配置同样提出了挑战。

4. 如何实现教育资源配置的多主体参与

教育投入依然难以满足发展需要,但是经费投入的机制不够健全、资源配置的主体比较单一的问题也不容忽视。

当配置主体单一、成本分担和运行保障机制建设滞后时,一些教育发展问题便会出现。以高中为例,部分地区高中教育资源供给明显不足。这既有总量不够问题,也有机制问题。虽然政府投入不断增加,但由于尚未建立起完善的、长效性的经费投入机制,普通高中"吃饭靠财政、运转靠收费、建设靠举债"的现象依然存在。

---

[11] 全面两孩放开一年追踪:大城市比小城镇更愿"生",新华网,2016-10-31.

在学前教育资源整体供需不均衡,且民办幼儿园占比较高的背景下,完全依靠政府投入建设公办园来解决学前教育普惠性的问题,在现阶段难以很快达成。然而私人举办带有普惠性质的民办幼儿园,如果没有政府资金投入或政策扶持,民办园的投资举办者在房屋、设施设备、教师基本工资福利等固定开支之外,在发展性经费投入诸如图书和玩教具的购置、设施设备维护、教师专业发展等方面,或者压缩删减,或者通过提高保教费收入来加以弥补。这一现状与引导民办园的普惠性发展方向和提升办园质量的要求是背道而驰的。[12] 由于无法共享社会公共资源以分摊一定的办园成本,导致民办园主要的成本都落在家庭一方,家庭的学前教育支出负担过重,又引发了"入园贵"的问题。

从资源配置主体的角度看,政府的主导作用如何发挥?均衡主导的投入与地区积极性发挥的矛盾如何化解?如何建立完善的社会、家庭和学校参与配置的机制?如何建立广泛的资源渠道?如何发挥好市场在资源配置中的作用?这些都是亟待破解的难题。

总之,新型城镇化是我国在现代化关键阶段作出的重要抉择,与新型工业化、信息化和农业现代化互依互存,与传统城镇化在理念、内涵、方式上存在显著差异。新型城镇化是以人为核心的城镇化,其先进理念必然会影响到基础教育资源的配置,其对基础教育资源配置提出的要求及带来的变化,既为优化基础教育资源配置带来机遇,也让基础教育资源配置面临诸多挑战。同时,我们也要清醒地意识到,基础教育资源配置本身存在诸多不足。因此,当新型城镇化来临之时,加强对基础教育资源配置的研究,促进基础教育资源配置转型,优化基础教育资源配置的质量,就显得尤其必要。

---

[12] 方建华,邓和平.困境与出路:民办幼儿园发展问题探究[J].中国教育学刊,2014(10):45-49.

第二章

范式转变：基础教育资源配置的新资源观与供给

一、基础教育资源配置的理论基础

中共中央、国务院颁发实施《国家新型城镇化规划(2014—2020年)》以来,新型城镇化对基础教育资源配置的挑战及其应对受到越来越多的关注,其讨论与研究主要集中在三个方面:

(一)人口变迁与基础教育资源配置

教育是以培养人为根本目的的社会事业。实现从人口红利到人力资源红利,是我国加快推进教育现代化、把基础教育放在国民经济社会优先发展地位的思想基础。正是在此意义上说,人口与人力资源是基础教育资源配置的重要理论基础。人口、劳动力与人力资源是三个不同层次的概念,并且随着时代发展,人口、劳动力与人力资源都在经历着变迁,人们对这些概念的认识也在发生变化。

无论是分析城镇化进程中常住人口、学龄人口变化对基础教育资源配置的影响,比如产业结构、外来常住人口分布变化产生的影响及其区县发挥资源配置主体性作用的必要性[1],还是分析学龄人口空间分布与基础教育资源配置失衡的现状及其对策[2],均把常住人口作为分析的一个基本单位,这与以往基础教育资源配置局限于户籍人口的时代已经大不相同。伴随产业升级调整、人工智能时代的到来,人口的流动正在加速,并因此带来教育需求的变化。在学界,无论是人口学与社会学者对于人口迁移的模型与特征的分析,还是经济学与教育经济学者对于劳动力、就业与受教育程度的关系分析,以及人工智能时代下人力资源的内涵分析,从深层次上都离不开从一个区域乃至国家城乡之间人口及其对子女教育的变迁角度,来探讨分析基础教育资源配置。

新型城镇化为城市和农村教育带来的不同挑战,表现为对农村教育格局、教育生态的改变,比如农村学校出现了城镇地带的大班额和巨型学校、乡镇的寄宿制学校以及"小规模学校"(乡镇以下的村小、教学点)并存的格局,而城市教育受到的影响表现为如何接纳和改善流动儿童的教育、许多中小城市和县城越来越严重的大班额现象。[3]在农村教育格局变化中,村庄学校拆并引发程序正义问题、学校规模效益问题、机会公平问题[4],农村学校合理布局需要兼顾就近入学与接受高质量教育,确保不同类型、不同

---

[1] 贾炜.新型城镇化背景下上海基础教育资源配置的挑战与对策[J].教育发展研究,2015(10):15-19.
[2] 张强,高向东.上海学龄人口空间分布及其对基础教育资源配置的影响[J].上海教育科研,2016(4):5-10.
[3] 杨东平.新型城镇化对城乡教育的挑战及应对[J].教育发展研究,2016(3).
[4] 邬志辉,史宁中.农村学校布局调整的十年走势与政策议题[J].教育研究,2011(7):22-30.

规模的学校并存。[5]

(二) 教育公共服务与基础教育资源配置

公共服务理论经历了一个逐步演变的过程,理论源流可以追溯到传统古典主义思想,从传统公共行政理论到新公共管理理论,再到新公共服务理论。从基本含义来看,公共服务是满足社会公众需求的非竞争性、非排他性的公益性服务。教育是社会公共服务体系的重要组成部分,其中义务教育以及学前教育、高中教育阶段的困难学生资助,属于基本公共服务。基本公共教育服务,指建立在一定社会共识基础上,由政府主导提供的,与经济社会发展水平和阶段相适应的,旨在保障全体公民基本教育需求的公共服务。享有基本公共教育服务属于公民的权利,提供基本公共教育服务是政府的职责。

新型城镇化背景下义务教育基本公共服务不均等现象,包括宏观层面的公共教育财政分配不均、微观层面办学条件等硬件设施资源占有不均、过程层面平等接受教育面临的"差别"对待问题。[6] 制定并不断提高基本公共教育服务标准,加快城乡一体化进程,构建与常住人口相匹配的资源配置机制,合理布局基本公共教育资源,促进基本公共教育服务均等化,让适龄儿童、少年就近方便获取服务,将是一个现代政府需要长期努力、改进的重点领域。

(三) 教育治理与基础教育资源配置

治理是20世纪90年代在批判新公共管理理论基础上形成的一种新思想,其核心价值取向是改变政府统治、管制,发挥政府之外的公众或社会组织的作用来实现发展目标,强调变革服务提供方式,扩大服务提供的主体范围,引入社会监督评价机制。在全球治理背景下,教育治理问题尤为突出,并具有区别于其他治理领域的特点。

世界各国基础教育公共服务水平、改革的着力点和政策措施不尽相同,但聚焦制度环境的构建是一个共同的特征。根据我国教育管理体制现状和改革取向,构建制度环境不再是把权力集中在政府,进行单纯的自上而下的行政安排,而是在教育系统内向下授权,并向教育系统之外拓展和延伸,重点提高治理的能力而不是管制的能力,理顺教育发展中的各种社会关系。

---

[5] 汪明.关于农村中小学合理布局的几点思考[J].教育研究,2012(7):87-91.
[6] 邬庭瑾,尚伟伟.新型城镇化背景下义务教育基本公共服务均等的现实困境与政策构想[J].华东师范大学学报(教育科学版),2015,33(2):17-24.

有学者从治理的角度论述城镇化进程中的教育行政改革,诸如深化异地中考和异地高考改革、确保农业转移人口的教育机会均等;推进利益相关者特别是农村转移人口的民主参与和共同治理,以民主化推动城镇化进程中的教育改革与发展等。[7]其观点的背后正是把基础教育资源配置视为一个深化教育改革、调整利益分配格局的过程。

上述理论以及相关研究为新型城镇化背景下基础教育资源配置问题提供了多维度的认识基础,包括发展需求维度、供给改革维度等,体现了新型城镇化以人为本的核心思想、供给侧改革的要求。但进一步研究和推进新型城镇化背景下基础教育资源的配置,还需要关注两个方面的因素:一个因素是立足我国国情,看到地方经济发展水平存在的差异,把地区经济发展水平作为重要因素予以考虑,其潜在的假设是不同地区城镇化过程中面临的基础教育资源配置问题不同,地区之间不宜采用同一个模式,应该根据实际探索多样化的模式;另一个因素是实质性因素,即究竟配置哪些资源,这是新型城镇化背景下基础教育资源配置不能回避的问题。新型城镇化背景下的基础教育资源配置,在要素上仅仅局限于将办学条件等硬件设施资源拓展到教师资源配置就够了吗?还需要考虑哪些资源?新的资源与硬件设施资源的供给方式一样吗?认识清楚这两个方面的因素,是新型城镇化背景下各地区探索多样化的基础教育资源配置模式的必要前提,也是总结提炼一些地区基础教育改革和发展中先进、有效经验的必然要求。

二、基础教育资源配置的旧范式及转变的必然性

随着教育成为社会关注的民生问题,受基本公共教育服务均等化理论及其相关政策的影响,政府在基础教育资源配置中的作用受到了越来越多的关注。从学校规划建设审批与公建配套措施落实督导,到义务教育县域内均衡发展,以及教师刚性或柔性流动政策的出台,政府主导成为过去很长一个时期基础教育资源配置的主要特征之一。由于政府的主导,学校成为资源配置的客体。另一个特征在于资源配置的内容主要是人财物方面的硬件资源以及统一化的政策或制度安排。本文在理论上将其归纳为基础教育资源配置的旧范式。旧范式下的资源配置目标主要是自上而下输送资源或安排制度,动力主要来自政府基本公共服务职能,参与主体受限于政府职能部门。

旧范式尽管是在过去一个时期历史发展条件下形成的,并具有其理论基础,但随着

[7] 褚宏启.新型城镇化与教育行政职能转变——城镇化进程中的教育行政改革[J].教育学报,2015(6):32-41.

教育改革的深化和教育发展目标的变化,传统的观念及其主导下的供给主体正在面临重大困境和问题,亟需观念创新和制度创新。尤其是随着新型城镇化建设的深入推进,农村人口进一步向城镇集中,农村转移人口市民化进程将加快,城镇居民对公平、优质、多样、富有活力的基础教育的需求变得更加迫切。基础教育资源配置面临更加深刻的挑战,从资源观、供给主体、配置方式到效果评价等方面都将发生变化,是资源配置模式的整体转变。

(一) 新型城镇化背景下教育发展问题的变化

伴随教育发展重心转向内涵建设,教育改革过程中教育内外部多重因素的影响,多元协同、综合改革问题比单一性、划一性问题的解决难度高、紧迫性强。中央与地方的协作、部门与部门之间的协同不仅变得越来越重要,而且,基础教育改革和发展需求逐渐超越单纯数量规模意义的普及与扩张,满足人民群众需求和提高教育品质成为更为重要和迫切的需求。

同时,在我国国情下,基础教育资源配置依然会受到我国地区之间经济发展水平差异大的影响,发达地区与欠发达地区的基础教育资源配置重点并不完全相同。基础教育资源配置的多种模式将并存,统一化的思路不符合我国国情。优先向最贫困地区精准配置教育资源,消除基本保障不合格学校,为我国全面建成小康社会提供保障。特大城市、大城市、中小城市和特色小城镇,应该根据自身短板,不断突破,弥补供需缺口。京津冀、长三角、珠三角等城市群,应该根据城市群建设总体规划,探索建立基础教育资源配置的统筹联动机制,提高协同发展和一体化程度。

(二) 教育发展问题变化对传统资源观的影响

在资源观上,用发展的眼光认识稀缺资源,迫切需要着重加强优质课程、优质教师、优质信息等资源要素的供给。

影响教育质量的因素有许多,服务教育质量的资源也有许多,但在各种因素和资源中,只有教学因素、课程资源与教育质量直接相关,是直接保障义务教育质量的基本资源。从类别上看,课程资源具有技术资源的属性,技术是整个人类在生产过程中应用自然科学知识的结果,是改造客观世界的方法、手段,科学技术本身就是"第一生产力"。课程作为资源,可以源源不断地进行再生和再创造,是无限开发利用的"绿色"资源,同时它也具有信息资源的流动性、共享性等特征。尤为重要的是,课程资源支持着教育过程的一切活动,成为教育教学的最主要载体,服务所有的教育对象,而且教育者与受教育者都是课程资源的使用者、受益者。因此,课程资源从建设、分配到享有的整个流程中,本身就有公平、均衡的特点。毫无疑义,关注课程资源的开发和应用成为在义务教育内涵式质量均衡发展战略选择中的一个首要抉择。

教师是人才,一切教育活动都必须通过教师的创造性劳动才能进行。教师也是资源,需要建设和优化配置,但与物质资源建设和配置相比,有其特殊性及其特有规律。教师资源的特殊性表现在:基础性,即教师劳动成为所有教育活动开展的必要基础;公共性,即教师服务于整个教育事业,社会属性大于单位属性;连续性,即教师资源可以不断开发,不仅使用过程是开发的过程,培训、积累、创造过程也是开发的过程;能动性,即教师发展具有主观能动性,能根据教育改革变化的需要以及人自身智慧进步的需要激发潜力;当然教师资源也具有两重性,生产性和消费性同时存在,如何促进教师资源的生产性,是世界上所有国家、教育机构共同关注的焦点。

相应地,在效果评价上,从追求数量、规模效益的准则转向注重功能、老百姓获得感提升的衡量准则。尤其是随着新型城镇化进程加快、市民对生活质量的追求,兼顾客观条件、主观感受越来越成为公认的发展观、评价观。从联合国开发计划署(UNDP)1990年超越人均 GNP 提出人类发展指数 HDI(Human Development Index),到世界银行1999年发布世界治理指数 WGI(Worldwide Governance Indicators),再到经济合作组织(OECD)2011年发布的幸福指数 BLI(Better Life Index)在提出人均家庭可支配收入、学生阅读能力指数等客观指标的同时植入生活满意度、自我健康评价等主观指标,均是这一发展观、评价观的体现。我国教育发展评价正处于一场深刻的变革之中,作为反映公众主观感受的教育满意度成为变革中的组成部分。

(三)教育发展问题变化凸显传统供给主体的局限性

传统的基础教育资源配置中参与主体格局日益显现出局限性。一方面,学校作为主体的参与不够广泛。学校是教育改革和发展的基本单位,政府配置的教育资源只有通过学校的使用才能发挥出效益和价值。因而,教育均衡发展作为国家教育发展的基本追求,并非是平均分配教育资源,更不是希望学校模式化、千校一面,这既要求各地区立足学校实际、为学校发展提供资源支持,又意味着学校应该成为基础教育资源配置的重要主体,发挥学校的主观能动性。只有发挥学校主动性,才能在课程资源、教师专业发展等方面实现资源增值和效益发挥。学校开发校本课程资源,以及学校与学校之间形成联盟,学校与社区之间的协作,都是学校作为主体配置资源的表现。

另一方面,市民参与公共事务的意愿逐渐增强,包括家长在内的公众的教育观念在变化,教育权利意识不断提升。在以人为本理念为导向的新型城镇化背景下,忽视市场机制、家长和社区人士、专家的参与,不仅是教育潜在资源的浪费,而且不利于营造良好的教育发展生态环境,反而让社会对教育发展产生焦虑感,导致公众对基础教育满意度下降。实践表明,在基础教育内涵发展背景下,随着新课程改革的推进以及公众对学生素养的关注,参与学校课程改革成为家长参与的新途径。家长作为课程资源提供者的参与,动因在于学校课程改革需要提升开放性,整合学校外部的教育资源,促进学生开阔视野、学会探究和合作创新。参与的载体主要是校本课程的开发实施。目前大多数学校在家长资源的运用上还主要局限在一般意义上的"专题讲座"或"活动",但也有不少学校站在"课程"的高度利用家长资源,为家长开发微型课程提供支持,并将家长微型课程纳入到学校课程体系之中。

总之,在供给主体上,亟待突破传统的政府主导的模式,使学校从资源配置的客体转向资源配置的主体,挖掘、创造资源、集聚、运用社会各方资源。在配置方式上,改变从上到下投放、从外到内输入的方式,创造一种围绕学生学习需求、共建共享的资源配置方式,让资源配置的机制更加灵活有效。

三、基础教育资源配置的新范式——基于新资源观与供给改革的分析

基础教育资源配置模式转变可以理解为受地区经济发展水平、教育发展需求与教育治理能力综合作用的动态过程。在推进新型城镇化背景下,基础教育资源配置呈现从以促进机会公平为中心转向以提高质量为中心的总体趋势,从资源观、供给主体、配置方式到效果评价等方面均将发生深刻变化,使基础教育资源配置走向治理的新范式。

基础教育资源配置新范式的特征,可以概括为以下几个方面。

(一)基础教育资源配置与经济社会发展水平不是简单的线性关系

经济发展水平是影响基础教育资源配置的重要因素。这不仅体现在基础教育资源配置的水平标准上,而且体现在基础教育资源配置的要素类型上。这可以从一组相关系数分析结果获得证据。以义务教育阶段小学教育资源配置水平为例,2010年、2012年、2014年全国各地区人均GDP与小学大班额比例、城镇大班额比例呈负相关且是强相关,而与本科及以上学历教师比例、校均外语教师和音乐教师以及信息技术教师比例、农村建网学校比例、城市建网学校比例均呈正相关,并具有强相关以上水平。

表 2-1　全国各地区小学教育资源配置水平与人均 GDP 相关系数分析

小学教育资源配置	相关系数	人均 GDP		
		2010 年	2012 年	2014 年
大班额比例	Pearson 相关性	−.577**	−.648**	−.622**
	显著性（双侧）	.001	.000	.000
农村大班额比例	Pearson 相关性	−.135	−.411*	−.418*
	显著性（双侧）	.493	.030	.027
城镇大班额比例	Pearson 相关性	−.763**	−.814**	−.751**
	显著性（双侧）	.000	.000	.000
生师比	Pearson 相关性	−.444*	−.342	−.135
	显著性（双侧）	.018	.075	.493
本科及以上学历教师比例	Pearson 相关性	.906**	.885**	.871**
	显著性（双侧）	.000	.000	.000
校均外语教师比例	Pearson 相关性	.857**	.834**	.812**
	显著性（双侧）	.000	.000	.000
校均音乐教师比例	Pearson 相关性	.890**	.884**	.836**
	显著性（双侧）	.000	.000	.000
校均信息技术教师比例	Pearson 相关性	.797**	.790**	.588**
	显著性（双侧）	.000	.000	.001
农村建网学校比例	Pearson 相关性	.746**	.837**	.758**
	显著性（双侧）	.000	.000	.000
城市建网学校比例	Pearson 相关性	.722**	.756**	.618**
	显著性（双侧）	.000	.000	.000

** 在 0.01 水平（双侧）上显著相关.
* 在 0.05 水平（双侧）上显著相关.

但经济发展水平与基础教育资源配置要素之间不是简单的线性关系。经济发展水平是制约基础教育资源配置的重要因素，但不是唯一因素。从上海的一组纵向数据分析可以看出，在新型城镇化背景下，学龄人口规模变化给基础教育资源配置带来的挑战具有复杂性，其有效应对需要综合预测、提前规划、部门之间协同落实，这实际上是对政府教育治理能力提出了更高的要求。

以小学大班额比例指标来看，上海尽管大大低于全国平均水平，但 2004—2014 年的十年间上海市的小学大班额比例产生了较大波动，受户籍人口入学高峰和外来进城务工人员随迁子女快速增多的双重影响，2010 年小学在校生数比 2008 年增多了 14 万，大班额比例比 2008 年翻了一倍多。而 2014 年尽管在校生数仍然保持在较高的规模水平，但大班额比例回落到较低水平，这与"十二五"伊始上海教育行政部门在人口与学龄人口预测分析基础上制定实施的《上海市区县基础教育"十二五"基本建设规划》《上海"城乡基础教育一体化建设工程"实施方案（2011—2015）》等政策密不可分。根据对这些政策的内容分析，核心是适应城乡一体化发展需求，按常住人口配置教育资源，把随迁子女全部纳入城乡教育布局建设规划，这是上海实施义务教育以来最重大的制度突破与政策安排。政策实施取得的显著效果表明，教育资源配置水平的提升不仅依赖经济发展水平、公共教育财政保障，而且需要教育治理能力的同步提升。如果教育治理能力得不到提升，即使教育经费充足，也未必能够提高教育资源配置水平，满足常住人口平等接受良好义务教育的需求。

表 2-2　　　　2004—2014 年上海市小学在校生数和大班额比例变动情况

年份	大班额比例	在校生数（万人）
2004 年	0.64%	53.74
2006 年	0.46%	53.37
2008 年	0.92%	59.06
2010 年	2.05%	73.11
2012 年	1.79%	79.25
2014 年	0.8%	79.87

同样，教育治理能力对于欠发达地区教育资源配置具有重要意义。对于经济发展水平低的地区，国家财政转移支付制度保障了教育资源配置所需的资金，但这并不一定意味着这些地区教育资源配置水平的提高。在城镇化水平快速提高的背景下，教育资源配置的精准性需要准确前瞻把握城乡之间人口流动带来的影响，教育资源配置要素的丰富性需要科学统筹教育资金的使用领域。如果缺乏预测分析、调查研究基础上的科学决策、制度安排，简单化地分配财政转移资金，其教育资源配置依然会难以适应新型城镇化背景下城乡居民接受良好教育的需求。

可见，经济发展水平或者财政经费保障水平与教育资源配置水平要显现出正比关系，离不开教育治理能力的提升。这同新型城镇化以体制机制改革为动力的要求具有一致性。在新型城镇化背景下,基础教育资源配置模式转变是地区经济社会发展水平、教育发展需求与教育治理能力综合作用的过程。

(二)基础教育资源配置的矩阵:四个象限的划分

既然基础教育资源配置除了受地方经济发展水平影响,还受到教育发展需求及其应对需求的教育治理能力的影响,因而分析目前我国各地区基础教育资源配置的状况与格局,必须增加新的分析维度。基础教育资源配置要素的丰富性,是教育发展问题和需求变化而引发的必然结果,也是地方政府教育治理中体制机制改革的重要出发点,能够反映地方应对教育发展需求的教育治理能力提升,因而可以作为一个新的分析维度。这样一来,按照地方经济发展水平、地方应对教育发展需求的基础教育资源配置要素丰富性两个维度,可以构建基础教育资源配置模式的矩阵,形成基础教育资源配置的四个象限,整体上反映我国各地区基础教育资源配置的现状。

表2-3　　　　　　　　　基础教育资源配置的四个象限

第二象限 经济发展水平高 教育资源配置要素单一	第一象限 经济发展水平高 教育资源配置要素丰富
第三象限 经济发展水平低 教育资源配置要素单一	第四象限 经济发展水平低 教育资源配置要素丰富

第一象限代表地区经济发展水平高、基础教育资源配置要素丰富,既有硬资源,又有软资源。东部一些发达地区比如北京、上海等属于此象限。以上海为例,上海市经济社会发展水平处于全国前列,基础教育资源配置也经历了从硬件资源为主到软硬兼顾、注重软资源配置的发展阶段。上海义务教育发展已经呈现出新的变化:尽管按照人口变化及现代教育发展趋势,仍需继续加大学校硬件设施建设和经费投入的力度,但这已经不再是制约教育发展的突出矛盾;教育入学机会的均等、教育硬件设施的统一配置、教育质量的标准化不仅不能深刻反映发展内涵和均衡的本质,也不能满足人民群众对高质量、多样化教育的新诉求,更不是教育改革的全部价值追求。对上海义务教育改革而言,深层次内涵发展任务比学校建设和硬件资源配置更加紧迫,2011年上海市教委制定的《上海市义务教育阶段学校办学基本标准》,除了资源配置之外,还对课程教学、教师发展、学生发展等内涵发展要素提出了要求。上海义务教育改革的着力点正在向效益、质量转移,改革的发生越来越深入到学校、课堂、教师、学生等内核之中。上海义务

教育发展中,课程成为直接保障义务教育质量的基本资源,教师成为支持义务教育改革与发展的第一资源,信息技术则是实现义务教育优质均衡发展的新资源。

第二象限代表地区经济发展水平高,但基础教育资源配置要素还比较单一,存在薄弱环节或者明显短板。这类地区与新型城镇化注重以人为本的要求还存在一定的距离,亟须在统筹软硬资源建设方面努力。从县(区)域层面分析,这类地区存在三种情况:一是一些城区随着经济社会发展水平提高,外来务工人员及其随迁子女增多,同时农村人口向城区集中,导致资源配置压力很大,目前供给主要局限于满足学校基本办学设施资源的需求;二是经济社会发展基础和水平比较好,但受制于城市规划等方面的原因,学校办学条件无法实现改造;三是一些地区经济社会发展水平已经达到一定程度,但在基础教育资源配置上受资源观和体制机制滞后的影响,主要局限于硬资源,软资源配置还没有得到应有的重视,亟须通过资源均衡配置,保障义务教育优质均衡发展,提高居民对接受教育的满意度。

第三象限代表地区经济发展水平低,基础教育资源配置要素也单一,主要局限于硬资源。这类地区是新型城镇化背景下基础教育资源配置需要优先考虑、予以支持的地区。2012年国务院扶贫办公布的集中连片特困地区(14个片区、680个县)属于这类地区。目前国家通过制定规划纲要以及扶贫开发、精准扶贫精准脱贫实施意见,对连片特困地区的教育发展提出目标、任务及其保障支持措施。除了国家财政资金的支持之外,这些地区教育资源配置有必要通过深化体制机制改革,挖掘开发资源,提升资源配置能级,让城乡学生都能接触计算机、提高国际理解意识与能力,这是此类地区面临的重要挑战。

第四象限代表地区经济发展水平低,但基础教育资源配置要素丰富,软硬资源得到了兼顾。这类地区体现了教育优先发展战略,通过努力率先实现县域内义务教育均衡发展,为推进新型城镇化提供了保障。这类地区主要分布在城市新城地区或者是教育发展基础、传统好的地区。这得益于及早谋划区域教育规划,把教育纳入经济社会发展总体规划,并在规划上进行创新,不局限于设施规划,还包括适应内涵发展的规划。例如,上海市奉贤区编制学校设点布局规划不仅着眼于城市布局、产业调整和人口变化趋势,而且着眼于奉贤区建设南上海教育品质区的教育内涵发展战略,把奉贤教育发展现状与南上海教育品质区的匹配性作为学校设点布局规划的重要依据,从而保证了基础教育资源配置的高起点。

(三)基础教育资源多元供给中的机制创新与效用评估

在推进新型城镇化背景下,基础教育资源配置模式将呈现从以促进机会公平为中心的模式向以提高质量为中心的模式转变的总体趋势。模式转变的动因在于教育发展进入新阶段产生的问题变化,对传统资源观产生了影响。传统的资源观念已经不能满足新的教育事业发展需求。以课程、教师、信息为代表的新资源需求日益强烈。课程资源对于教育质量提升的价值正在突显,是与教育质量直接相关的资源,具有再生和再创造性、流动与共享性特征。教师则是教育质量提升的第一资源。城乡学校办出特色与活力,必须有足够合格的教师队伍作为支撑。无论对于东部发达地区还是中西部地区,教师均是基础教育资源配置中的最重要要素。信息资源的内涵也在发生变化,从原来的硬件信息设施设备转向软资源如信息资源,尤其是整合式信息而非割裂式的孤岛信息,以及对于课程实施与教师专业发展有意义的可获得程度高的信息。

从资源配置供给主体来看,资源配置要素变化的同时,资源配置主体也在发生相应变化。资源配置的主体只有政府吗?就义务教育而言,校舍设施、教育经费、师资等资源要素的配置主体是政府,但当教师专业发展、课程资源、信息技术应用成为更为重要的资源配置要素时,资源配置的主体就不再只是政府,而是需要学校发挥更大的主体性,学校之间通过组建学区集团共建共享资源,引入社会专业机构的支持,等等。所以,随着我国推进教育治理体系与治理能力现代化,在政府保障基本公共教育服务均等化的同时,学校、学区集团以及社区、市场、非政府公共服务部门等成为重要配置主体并发挥各自独特的作用,资源配置的方式也不再是自上而下拨款、从外向内输入可以概括,从而构成基础教育资源配置供给主体与供给方式多元化的生态图景。上海在促进城乡基础教育一体化过程中实施的郊区义务教育薄弱学校委托管理、学前教育看护点、高中慕课(MOOC)、学区化集团化办学等政策,均是在资源配置体制机制上的创新,使得资源配置主体与方式更加多元化。

表 2-4 基础教育资源配置要素及其主体作用

配置主体	作用	资源要素					
		校舍设施	教育经费	师资数量	教师发展资源	课程资源	信息技术资源
政府	高	√	√	√			
	低						
学校	高				√	√	√
	低						
学区集团	高				√	√	√
	低						

续 表

配置主体	作用	资源要素					
		校舍设施	教育经费	师资数量	教师发展资源	课程资源	信息技术资源
社区	高					√	
	低						
非政府公共部门 (教师进修、教科研)	高				√	√	√
	低						
市场	高						√
	低						

从资源配置效果的评价来看,资源配置要素变化,也带来资源配置效果衡量指标的变化。对于校舍设施、教育经费、师资数量等资源要素的配置,采用的是统计指标,包括生均教育资源(生均占地面积、生均建筑面积、生均运动面积)、平均班额、大班额比例、生师比、每百名学生计算机台数等。这种评价的背后是资源增加可以推进优质均衡,校舍拆并可以提高资源配置效益。但资源增加就一定推进优质均衡吗?资源的累积可以自然而然转化为师生发展的促进因素吗?实践表明,城镇建设中的一些豪华学校未必是师生真正喜欢的学校,一些地区的村校拆并也引起家长和社会对子女上学的担心,对此专家学者以及社会媒体均予以了关注分析。所以,在注重以人为本、追求城镇质量的新型城镇化背景下,基础教育资源配置效果评价的准则需要发生转变,从数量累积向功能提升转变,把促进师生健康发展、保证人民群众满意作为重要准则。鉴于教师发展资源、课程资源、信息技术资源要素的配置,不仅具有内生性,而且供给主体更加依赖学校自身的挖掘和社会的支持,因而很难采用统计指标予以评估,而需要采用问卷、案例等调查方式,获取资源再生、创造与增值程度,以及师生、家长感知到的环境变化、满意度等方面的效果信息。

表 2-5　　　　　　基础教育资源配置效果评价指标的构建

资源	评价指标(举例)			
	数量	功能	供给	获得感
校舍资源	班额达标率	校舍安全	公建配套学校建设完成率	体育场馆、实验室和图书馆使用的满意度
财力资源	经费增长	支出结构	公民办协调发展	绩效考核的激励性
课程资源	校本课程数量	课程适切性	家长参与课程开发	课程设置的满意度

续 表

资源	评价指标（举例）			
	数量	功能	供给	获得感
教师资源	高级专业技术职务教师达标比例	教科研活动有效性	校际之间教师发展活动共享	教师学习需求满足度
信息资源	信息设施达标率	信息技术应用水平	学区化集团化办学中信息共享	有用信息可获得程度

总之，治理将在未来基础教育资源配置中发挥越来越关键的作用。为此，需要抓住我国深化教育领域综合改革的契机，以改善教育治理体系和提升治理能力现代化为主线，促进基础教育资源配置体制机制的建设。及时吸取包括上海教育综合改革试验在内的各地区的先进经验，提炼出能够反映治理能力的一套教育资源配置监测指标和标准，并发挥指标和标准的引领作用，从制度建设层面谋划能够解决我国基础教育资源配置问题的长效机制，实现公共资源投入为主、政府引导、全社会参与的格局，且保证新技术、新手段运用充分。

第三章

普惠：学前教育资源配置

发展普惠性学前教育是我国当前学前教育事业的主要目标。《国家中长期教育改革和发展规划纲要(2010—2020年)》(以下简称《规则纲要》)实施以来,我国学前教育资源配置取得了历史性的成就,但在快速发展的同时也存在着诸多的问题。2017年中央经济工作会议提出要针对人民群众关心的问题精准施策,解决好婴幼儿照护和儿童早期教育服务问题。本章将讨论学前教育资源配置的现实背景和价值取向,以案例方式分析学前教育资源配置的现有经验,并借鉴国际经验提出进一步优化资源配置的思路与建议。

一、学前教育资源配置的背景和政策的价值取向

(一)学前教育资源配置的现实背景

1. 学前教育普及率大幅提高,发展重心从增加资源量转向强调量与质并行

《规划纲要》实施以来,各级政府积极贯彻落实《规划纲要》和学前教育"国十条",实施学前教育"三年行动计划",强力推进学前教育发展。通过加大学前教育财政投入,新建、改建、扩建幼儿园等一系列有效措施,我国学前教育资源在"十二五"期间获得了快速增长,自2009年至2014年,全国幼儿园总量增幅达到51.88%。新增学前教育资源明显向农村倾斜,新增的公办幼儿园(含公办性质幼儿园)主要分布在乡村和镇区(占比86.55%),特别是学前教育基础薄弱的西部连片贫困地区学前教育资源迅速扩大。以甘肃省58个集中连片贫困县为例,2009—2014年,县城幼儿园增加了86所,农村幼儿园增加了655所,已经建成并投入使用的乡镇中心幼儿园覆盖率已达到了84.12%。学前教育资源的有力扩充带来了学前教育普及率的大幅提高,适龄幼儿在园数和学前三年毛入园率快速提高,全国学前三年毛入园率从2009年的50.9%提升至2014年的70.5%。[1]

《规划纲要》提出到2020年"基本普及学前教育"的发展目标,这一目标的表述包含两方面的内涵:一是普遍提高学前儿童的入园率,"到2020年,普及学前一年教育,基本普及学前两年教育,有条件的地区普及学前三年教育";二是普遍提高幼儿园的保教质量,"遵循幼儿身心发展规律,坚持科学保教方法,保障幼儿快乐健康成长"。随着入园率目标的提前达成,学前教育事业的发展一方面应继续提高普及水平,保证所有有需求

---

[1] 数据来源:教育部《〈国家中长期教育改革和发展规划纲要〉中期评估学前教育专题评估报告》,2015年11月。

的适龄学前儿童尤其是中低收入家庭的儿童进入幼儿园接受学前教育,另一方面应着力提高学前教育的质量,保证为幼儿提供科学的、高质量的保育和教育。只有符合幼儿身心发展特点和规律的有质量的学前教育,才能够有效地促进幼儿身心的和谐发展,为幼儿终身的学习和发展奠定良好的基础。

2. 新型城镇化带来的人口流动,对学前教育资源配置提出新要求

城镇化建设是我国当前和未来社会经济发展的重要方向,其带来的人口流动基本态势是农村人口向城镇转移。据统计,我国城镇化水平每年约提高1%,意味着每年约有1 000多万农村居民流动到城镇。[2] 城镇化带来的人口流动对我国城乡之间学前教育资源供给与需求的均衡状态造成了冲击。随着我国城镇化水平的提高,城镇与农村幼儿园在园(班)幼儿规模差距日益扩大,两者呈现同步变化。数据显示,2002年我国城镇化水平仅为39.09%,城镇幼儿园在园(班)幼儿总数高出农村26万;到2013年,我国城镇化水平达到53.73%,城镇与农村幼儿园在园(班)人数规模差距扩大到1 736万。[3]

《国家新型城镇化规划(2014—2020年)》(以下简称《规划》)指出,根据世界城镇化发展普遍规律,我国仍处于城镇化率30%～70%的快速发展区间。依据《规划》的发展目标,到2020年,我国常住人口城镇化率将达到60%左右,将会有约1亿农村人口流向城镇。城镇化对学前适龄儿童人口分布和教育资源需求带来的影响包括:第一,大批农民工随迁子女进入城市或县镇生活并接受教育,城镇居民对学前教育资源的需求持续增加;第二,农村仍有许多未能和外出务工的父母一起进城的留守儿童,作为弱势群体其接受有质量的学前教育的权利仍需得到保障。学前教育资源的宏观配置要充分考虑上述人口发展的特点和趋势,并根据变化趋势及时做出前瞻性的规划与调整,以保证有限的教育资源最大化地满足公众需求,进而提高宏观配置效率。

(二) 学前教育资源配置的价值取向

1. 普惠性是学前教育资源配置的出发点

《国务院关于当前发展学前教育的若干意见》(简称"国十条")明确提出,"发展学前教育,必须坚持公益性和普惠性"。学前教育实现"普惠性"目标意味着不断扩大学前教

---

[2] 冯婉桢,吴建涛.城镇化与我国学前教育资源宏观配置效率研究[J].教育研究,2016(3):84-91.
[3] 数据来源:《中国教育统计年鉴》(2002)、《中国教育统计年鉴》(2013)。

育服务的覆盖面和辐射力,尽可能让所有适龄儿童都拥有享受低价、优质的学前教育服务的机会,使学前教育服务体系真正平等惠及所有儿童,即"让所有儿童在自愿的基础上都能有机会接受由公共财政支持的学前教育"。[4] 具体到"普惠性"学前教育的内涵特点,"国十条"提出"保障适龄儿童接受基本的、有质量的学前教育","从实际出发,为幼儿和家长提供方便就近、灵活多样、多种层次的学前教育服务","提供'广覆盖、保基本'的学前教育公共服务","积极扶持民办幼儿园特别是面向大众、收费较低的普惠性民办幼儿园发展"。现阶段发展普惠性学前教育,强调的是保障每个适龄儿童的教育权利和教育机会平等,推动学前教育的基本普及,提供有质量保证的学前教育资源,满足大众对优质学前教育资源的需求。[5]

要落实学前教育的普惠性,从资源配置的角度,就是要大力发展普惠性幼儿园。我国对普惠性幼儿园的标准尚未形成统一的规定,从政策的价值取向分析,普惠性幼儿园应包含以下基本特征:一是园舍建设、设施设备和人员配置应达到规定的办园基本标准,能够提供有质量的保教服务;二是幼儿园面向社会大众招生,为幼儿和家长提供方便就近的学前教育服务;三是收费合理或较低,实行政府定价或接受政府指导价。普惠性幼儿园既包括公办幼儿园、具有公办性质的幼儿园,也包括非营利性的民办幼儿园。

2. 城乡一体化背景下的资源配置效率是教育公共治理的新命题

资源配置不仅是资源的投入保障,从教育公共治理的角度,是将有限的资源分配到不同目标,达到最大化地提高资源利用效率目的的过程。随着国家和社会对学前教育重视程度的不断提升,学前教育的投入也有了明显增加,但是这些投入的资源在宏观上如何分配才能更有效地满足受教育群体的需求,是教育资源配置效率研究讨论的焦点之一。

一般来说,宏观层面的资源可以按照地域和行业类型来配置。[6] 新型城镇化背景下,教育资源在不同地域间的配置成为影响配置效率的重要因素。城镇与农村幼儿园在园幼儿规模差距的扩大与城镇化的发展基本同步,这意味着城镇对学前教育资源的需求不断增加,而农村对学前教育资源的总需求相对减少,要提升学前教育资源的配置效率,资源的配置就必须与人口流动趋势相呼应。

另一方面,围绕城乡一体化发展、深入推进新农村建设是国家的重要战略部署,在

---

[4] 冯晓霞,蔡迎旗,严冷.世界幼教事业发展趋势:国家财政支持幼儿教育[J].学前教育研究,2007(5):3-6.
[5] 索长清.普惠性学前教育政策的价值诉求[J].教育导刊,2013(3):20-24.
[6] 冯婉桢,吴建涛.城镇化与我国学前教育资源宏观配置效率研究[J].教育研究,2016(3):84-91.

城乡资源要素流动加速、城乡互动联系增强的城镇化深入发展背景下如何加快新农村建设步伐、实现城乡共同繁荣,是必须解决好的一个重大问题。[7]学前教育具有公益性和普惠性特征,因此,在考虑资源配置效率、求得资源最大利用率的同时,从关注资源配置公平的角度仍要重视提升农村公共服务水平,因地制宜保留农村学前教育资源,支持乡村两级公办和普惠性民办幼儿园建设,提高农村学前教育质量。

二、学前教育资源配置的发展特征与现实挑战

(一) 以"扩大投入"为主要手段的学前教育资源配置优化路径

随着《规划纲要》、学前教育"国十条"《上海市学前教育三年行动计划(2015—2017年)》等一系列文件、政策的陆续出台,各级政府对学前教育的重视程度、普惠性学前教育资源增加的速度、各级财政的投入力度、各项政策措施出台的密度都是前所未有的,学前教育资源建设和体制机制建设取得双重突破,实现跨越式发展。2010—2014年,中央财政投入693.67亿元,带动地方投入超2 000亿元。多个省、市、区县均建立起了学前教育的经费保障措施,对学前教育的投入总量逐年增加且增幅显著,学前教育财政性经费占比逐年提升,逐渐形成了中央、省、市、区县多级财政共同参与的学前教育投入机制。但各级政府间的分担比例因各地经济发展水平不同而有所不同。

中央财政重点支持中西部地区扩大公办学前教育资源,扶持企事业单位、集体办园和普惠性民办园,2010—2014年国家投入108亿元支持建设乡村幼儿园5 700余所,新增幼儿园学位130万余个。[8]各地大力建设公办幼儿园,积极扶持民办幼儿园,学前教育资源得到快速扩增,大批乡镇中心幼儿园的建成与使用,有效增加了农村公办幼儿园学位供给,"入园难"的问题得到有效缓解。

同时,自2011年开始,各地都在建立健全学前教育资助制度。根据《规划纲要》中期评估工作组收集的数据,有越来越多的区县在重视建立学前教育资助制度并收集相关信息,近五年来对家庭经济困难儿童、孤儿和残疾儿童的资助标准、人数和总额均呈现上升趋势。

数据表明,我国2014年学前三年毛入园率为70.5%,财政性学前教育经费在2013年占比为3.5%。而国际经验表明,学前三年毛入园率在60%~80%之间的国家,财政

---

[7] 中共中央、国务院《关于加大改革创新力度加快农业现代化建设的若干意见》,2015年2月。
[8] 数据来源:教育部基础二司贯彻落实《教育规划纲要》中期工作总结。

性教育经费支出中学前教育经费占比平均为7.73%。[9] 综合以上数据和信息可以看出,政府逐步扩大对学前教育的投入、更高比例分担学前教育成本,是近阶段优化学前教育资源配置的一条主要路径。

(二)新的资源配置不均衡正逐步显现

1. 人口流动导致城镇学前教育资源供需矛盾仍突出,大班额现象较为普遍

五年来我国在园幼儿数和学前三年毛入园率呈现稳步增长趋势,学前教育普及率大幅提高。《规划纲要》中期评估学前教育专题的数据显示,2014年,全国在园幼儿达到4 050.71万人,比2009年增加52.41%,特别是学前教育基础薄弱的西部连片贫困地区,适龄幼儿在园数和学前三年毛入园率快速提高。以调研的甘肃省定西市安定区为例,2016年全区学前三年毛入园率达到84%,学前一年毛入园率达到92%。

然而在大幅提高的入园率背后,存在着入园人数分布结构失调的问题。城镇与农村幼儿园在园(班)学生规模差距日益扩大,到2013年,我国城镇与农村幼儿园在园(班)人数规模差距扩大到1 736万人。[10] 这一巨大差距与我国快速的城镇化进程有密切联系。根据简要统计分析结果,城镇化水平与城乡幼儿园学生规模差异之间的相关系数高达0.91。这说明,城镇化水平的提高对学前教育资源的需求产生了巨大的影响:城镇居民对学前教育资源的需求增加,尤其新增城镇居民对学前教育资源的需求增加。[11]

仍以甘肃省数据为例[12]:定西市安定区目前在园幼儿12 935人,其中在城区入园的幼儿多达12 458人,城区平均班额数为50.85人/班,城镇幼儿园大班额情况突出。调研显示,城镇化带来的人口流动及城乡间、校际间的教育质量仍然存在差距,与此同时乡镇一级幼儿园的规划也未能及时跟进人口流动的变化做出调整,如甘肃省的乡镇中心幼儿园939建设项目(到2014年规划建成939所),每个幼儿园的建设经费统一是80万元,设计规模仅为每园3个班级,导致班额数居高不下。这也是城区幼儿园"入园难"和"大班额"的根本原因。

---

[9] 数据来源:教育部《〈国家中长期教育改革和发展规划纲要〉中期评估学前教育专题评估报告》,2015年11月。
[10] 数据来源:《中国教育统计年鉴》(2002)、《中国教育统计年鉴》(2013)。
[11] 冯婉桢,吴建涛. 城镇化与我国学前教育资源宏观配置效率研究[J]. 教育研究,2016(3):84-91.
[12] 数据来源:基础教育资源配置项目组于2016年6月在甘肃省开展的调研。

2. 农村学前教育资源投入过于依赖中央和省级财政,配置效率偏低

在政策和财政投入的保证下,近几年我国新增学前教育资源明显向农村倾斜。2011—2014 年,教育部门办园新增 19 672 所。其中,城区仅有 2 328 所,占比 11.83%;镇区 6 655 所,占比 33.83%;乡村 10 689 所,占比 54.34%。[13] 这表明,新增普惠性学前教育资源向农村倾斜、努力扩大农村公办学前教育资源的政策取向得到了较好的贯彻落实。集中连片贫困地区是学前教育资源严重短缺的区域,五年来,这种情况在一定程度上也得到了缓解。以甘肃省为例,58 个集中连片贫困县共有 959 个乡镇,12 499 个行政村。2009 年仅有 546 所幼儿园,2014 年则增加到了 1 287 所,共增加了 741 所,增幅高达 135%。农村幼儿园的增幅超过城区。

一方面农村幼儿园的供给不断增加,但另一方面城乡之间、校际之间教育软实力的差距仍然存在,尤其在学前师资的配置上,农村幼儿园明显缺乏吸引力。这导致很多农村地区的家长舍近求远把孩子送到邻近的城镇幼儿园,因此乡村幼儿园的班额普遍偏低,也加剧了城镇幼儿园的大班额情况。以甘肃省定西市安定区为例,当地有农村幼儿班 61 个,在班幼儿 477 人,平均班额数仅为 7.82 人/班。农村地区生均占有学前教育物质资源明显高于城镇地区的情况在调研中并非孤立事件,由于生源的流出,农村新建幼儿园的利用率明显偏低。

研究人员通过考察 2001—2013 年间城镇化进程对我国学前教育资源宏观配置效率的影响,利用时间序列数据进行经验性分析,发现从 2011 年开始,学前教育资源宏观配置效率又开始呈逐渐下降的发展趋势。这在一定程度上反映出,尽管学前教育"三年行动计划"加大了农村学前教育资源的投入,促进了农村学前教育的发展,但是这种资源投入未适应城镇化发展趋势,也不能充分反映学前教育资源需求城乡分布结构的变化,没有很好地满足更多的社会公众对学前教育的需求。[14]

从对投入结构的分析可以看出,新增的农村学前机构基本为公办资源,经费投入往往来自中央或省级的建设项目,如乡镇中心幼儿园建设项目、行政村幼儿园全覆盖项目等。在一些较为贫困的革命老区,国家还有专门的扶助项目,如甘肃省 2016 年得到国家的专项建设资金 9 000 万元,指定投向革命老区的农村幼儿园。专项经费有严格的管理制度,对资金投向有较多限制和要求,而这些统一的要求往往与所投向地方的实际情况不相符合。农村人口的城镇化方向流动使农村的学前适龄儿童人数有所减少,而上级资金的投向却始终向农村地区倾斜,县级层面在学前教育资源配置的方面以被动操

---

[13] 数据来源:教育部《〈国家中长期教育改革和发展规划纲要〉中期评估学前教育专题评估报告》,2015 年 11 月。
[14] 冯婉桢,吴建涛.城镇化与我国学前教育资源宏观配置效率研究[J].教育研究,2016(3):84-91.

作执行为主,未能得到赋权灵活调配资金的使用,也没有发挥县级地方公共治理的主动性加以全盘规划。这种单一的资源投入模式也导致农村学前教育资源尽管投入巨大,但配置效率并不理想。

3. 民办园难以共享公共资源,对普惠性目标构成挑战

20世纪末,我国由计划经济转型为市场经济,各级政府部门实行定编定员,转变职能以提高效率;国有企业实行股份制改造,按市场规则提高效益。许多机关和企事业单位以及相关部门将自办的幼儿园纷纷剥离、出售、转让或关闭,造成公办幼儿园连续10年迅速减少,相应的数据是:2009年与2008年相比,全国公办幼儿园减少了491所;2010年与2009年相比,又减少了771所。[15]

从全国范围来看,民办幼儿园在数量上、服务幼儿的规模上都占据了很大的比例,并有强劲的发展势头。在学前教育资源整体供需不均衡,且民办幼儿园占比较高的背景下,完全依靠政府投入建设公办园来解决学前教育普惠性的问题,一方面在现阶段难以很快达成,另一方面也是对社会资源的浪费。然而私人举办的民办幼儿园在平衡收支的同时必然有其营利性的诉求,如果没有政府资金投入或政策扶持,民办园的投资举办者在房屋、设施设备、教师基本工资福利等固定开支之外,在发展性经费投入诸如图书和玩教具的购置、设施设备维护、教师专业发展等方面,或者压缩删减,或者通过提高保教费收入来加以弥补。这一现状与引导民办园的普惠性发展方向和提升办园质量的要求是背道而驰的。

《规划纲要》明确了"建立政府主导、社会参与、公办民办并举的办园体制"以及"实行成本合理分担机制",提出"清理并纠正对民办学校的各类歧视政策,积极探索和制定促进民办教育发展的优惠政策"。我国《民办教育促进法》第四十五条明确规定:"县级以上各级人民政府可以采取经费资助、出租、转让闲置的国有资产等措施对民办学校予以扶持。"在第五十条中明确规定:"新建、扩建民办学校,人民政府应当按照公益事业用地及建设的有关规定给予优惠。教育用地不得用于其他用途。"由上述法律条文可知,国家在法律层面为民办幼儿园在建园用房、选址等方面提供了一定的政策优惠支持。但从调查情况看,对上述法律的落实力度远远不够。以课题组在甘肃省的调研情况为例,当地居民小区的公建配套教育用房,基本都未能交付政府用于建设相关的幼儿园或学校。民办幼儿园需要自行租用房屋作为办园用房,有民办园园长感慨"幼儿园的房租开发商说涨就涨",还有些租用商住房办园的民办幼儿园需按商业用电用水的标准交纳

---

[15] 朱家雄. 当今我国学前教育事业发展面临的主要问题及政策导向[M]. 上海:华东师范大学出版社,2016:130-131.

电费水费,办园成本更高。新疆不少民办幼儿园向地方政府缴纳的国有资产占有费依然是园所的较大开销,由此出现很多民办幼儿园向社区租用房屋作为幼儿园办园用房的现象,因受房屋价格波动的影响,幼儿园租用的房屋租金水涨船高。[16]

由于无法共享社会公共资源以分摊一定的办园成本,民办园主要的成本都落在家庭一方,家庭的学前教育支出负担过重。随着各省普惠性民办幼儿园认定与资助的相关政策陆续出台,国家或地方财政以奖补金的方式对认定的普惠性民办幼儿园进行奖补,这部分奖补金或用作幼儿保教费的退免,或用于幼儿园办园条件的改善,对减轻家长经济负担、支持民办园发展起到了一定作用。但调研中发现,一方面所认定的普惠性幼儿园数量少,在民办园中占比过低,导致相关普惠性的扶助政策覆盖面很小,同时相关政策在执行层面仍存在缺乏延续性和规范性的问题,导致只是"普惠"一时。如甘肃省的文件中规定"经认定的普惠性民办幼儿园有效期为三年,教育行政部门应对辖区内普惠性民办幼儿园按等级进行分类支持",但在实际执行中,对经认定的普惠性民办园的奖补金仅发放了一年,实际的财政支持杯水车薪。

4. 学前师资配置缺乏有力的政策支持

近年来,我国幼儿园教师队伍持续壮大。2014年全国幼儿园教职工为314万人,比2009年增加157万人。但由于入园高峰和二胎政策的叠加影响,加之我国幼儿园长期存在的师幼比严重偏低的问题,幼儿园教师数量短缺的问题仍较为普遍。教育部2013年出台的《幼儿园教师编制标准》明确规定了教职工与幼儿的比例,全日制幼儿园是1∶6-1∶7,寄宿制幼儿园是1∶4-1∶5。《规划纲要》中期评估的统计数据显示,全国幼儿园师生比为1∶22,幼儿教职工缺编问题严重。更为严峻的是,幼儿教师的专业化水平程度仍较低。专科以上学历的教师仅66%,农村地区不到50%。有幼教资格证的教师数量占比仅为50%左右;无证教师仍占30%左右,农村地区在44%左右;未评职称教师占70%左右。

一方面,幼儿教师工作由于待遇、编制等问题缺乏吸引力,同时,随着幼儿教师招考的学历门槛提高,中专、师范等中等学历院校学前教育专业的学生无法参加教育系统的人事招考,导致大量学历达标但专业不对口的毕业生进入幼儿园担任教师,再加上转岗教师比例大,"学历达标专业不对口现象"十分普遍。在学前教育原有的职后培训体系下,这些"非专"教师的专业化发展存在很大的不确定因素。以本次调研的甘肃省会宁县为例,全县幼教人员681名,其中学前专业毕业的教师仅245名,且90%以上集中在

---

[16] 方建华,邓和平. 困境与出路:民办幼儿园发展问题探究[J]. 中国教育学刊,2014(10):45-49.

城区幼儿园。农村幼教教师基本上是小学转岗教师，专业化程度低，且年龄结构偏大。另一方面，师资培训与实践需求存在脱节，对教师专业发展的帮助有限。甘肃调研中，多位园长提到，上级组织的教师培训往往是突击式的一窝蜂，一下子抽调走相当数量的教师，学习时间长，导致幼儿园运转困难，另外培训内容多是理论性的讲座，很少实践操作性的学习，对教师专业发展提供的帮助非常有限。教师资源在数量与质量两方面存在的问题在民办园尤为突出。由于民办园教师基本没有"公家"身份，在待遇、职称、职后培训等方面更是没有公办园教师的保障，因此教师流动性大、专业水平低的情况非常普遍。

在教师数量严重不足的背后，是幼儿教师工资待遇低、编制问题长期得不到解决的机制体制性问题。许多农村幼儿园教师工资每月不到1 000元，难以吸引优秀人才从事幼教事业。在普惠性民办园发展的地方政策中，对教师队伍建设的保障尚没有得到充分重视。许多地区在推动普惠性民办幼儿园发展的过程中将精力更多放在了普惠性民办园的认定和硬件财政支持上，尚"无暇顾及"教师队伍建设这一"软件"问题。[17] 比如《甘肃省普惠性民办幼儿园评估指标（试行）》中关于人员条件的标准主要集中在对教职工的要求上，如"教师学历达标率达到90%以上，教师资格证持证率达到70%以上，专业合格率达到60%以上"等，但却没有在落实教师待遇、提供培训机会等方面提出要求，同时财政投入也主要用于办园或减轻家庭负担，没有考虑用于提高教师待遇。

三、国内学前教育资源配置的实践经验

（一）资源配置的综合统筹：根植地方发展基础的政府制度设计

我国幅员辽阔，区域经济发展水平和教育保障能力不同，教育发展的区域性差异客观存在。同样是"入园难"问题，在东部发达地区和中西部贫困地区的具体情况也并不相同，前者更多体现为对优质资源的强烈渴求，而后者的核心则是普惠性资源数量与质量的保障。因此，作为社会公共服务的重要组成部分，学前教育资源配置只有从本地的实际情况和人民群众的教育诉求出发，由政府主导从制度上进行统筹设计，才是真正呼应资源供需矛盾的解决之道。党的十九大报告从深化供给侧结构性改革角度，提出优化存量资源配置，扩大优质增量供给，实现供需动态平衡的要求。

---

[17] 梁慧娟. 我国地方普惠性民办园教师政策分析及其启示[J]. 学前教育研究，2014(6)：30-38.

案例一：

从学前教育公共服务体系建设全局配置资源的上海经验

作为经济基础好、人口基数大、流动人口多的特大型城市，上海市的学前教育公共服务体系建设充分体现了政府主导、社会参与、公办民办共同发展的办园格局。根据上海市教委2014年学前教育公共服务体系建设情况，截至2014年底，全市在园3-6岁儿童达50.29万人，其中非户籍为21.09万人，占总数的41.94%。全市共有独立法人的幼儿园1 462所，其中公办930所，占总数的63.61%；民办532所，占36.39%。公办园在园儿童35.29万人，占总数的70.17%；民办园在园儿童15万人，占29.83%。全市幼儿园专任教师3.49万人，其中公办2.52万人，占总数的72.21%；民办0.97万人，占总数的27.79%。2016年上海市教育工作年报的数据显示，全市在园幼儿达到55.65万人，幼儿园已增至1 553所。

在学前教育资源的配置上，上海市政府首先非常重视教育空间布局的前瞻性规划。上海市2012年发布了由市教委等五部门制定的《上海"城乡基础教育一体化建设工程"实施方案（2011—2015年）》（以下简称《实施方案》），提出硬件建设与内涵发展相结合。既要以常住人口为基数，配置包括学前教育在内的教育资源，均衡配置设施设备；又要全面提升郊区师资水平，实现郊区优质教育资源的增量。在具体做法上，上海市充分发挥中心城区优质幼托园所的示范和辐射作用，提高郊区农村幼托园所发展水平和教育质量，对郊区农村30所二级或三级幼儿园开展"城郊结对"工作，建立健全结对合作交流工作机制，加大结对合作交流工作过程管理力度，全面提升郊区农村学前教育水平。

《实施方案》在"十三五"期间仍得到持续的贯彻落实。2016年秋季开学，上海共新增中小学校和幼儿园85所，其中近九成（75所）新学校坐落在郊区，以适应城乡教育一体化的发展要求和人口的布局调整。75所中包括42所幼儿园。比如，松江区九亭镇今年就新增加1所幼儿园，松江区泗泾镇新增了2所幼儿园，更好地满足了松江北部区域学生的入学需求。此外，随着上海市学区化集团化办学，以及委托管理、合作办学等一系列举措的实施，2016新学年，全市有7所新开办的幼儿园通过引进或共享优质教育资源实施办学。比如，崇明与静安区南西幼儿园合作办学的南西幼儿园附属崇明新城幼儿园等，这些幼儿园将通过区域间教育资源的辐射与整合，实现高起点办园，进一步促进全市学前教育优质均衡发展。

根据常住人口规划配置教育资源的原则，上海市严格要求各区县加大落实共建配套幼儿园的建设力度，新建小区幼儿园要完全与小区同步规划、同步建设、同步交付使用。与此同时，积极通过扩大办园规模、向民办幼儿园购买学位、支持社会力量举办普惠性民办幼儿园以及规范民办三级幼儿园和学前儿童看护点等措施,分梯度、多层次地解决适龄儿童学前教育和看护需求。为落实上海市人口管理政策,合理调整学前教育资源布局,各区县积极引导民办三级幼儿园和学前儿童看护点在规范管理的基础上,进一步提升质量,截至 2014 年底,上海市民办三级幼儿园达 226 所,规范学前儿童看护点达 452 个。各相关区县组织公办幼儿园与民办三级幼儿园及学前儿童看护点结对共建,加强对民办三级幼儿园和看护点工作人员的指导和培训。通过多种措施并举,上海市学前教育公共服务体系得到进一步完善。

《上海市学前教育三年行动计划(2015—2017 年)》仍然将学前教育资源配置作为重要的发展指标。提出"继续确保本市户籍 3—6 岁儿童 100％接受学前教育""逐步满足符合条件的本市常住 3—6 岁儿童的学前教育需求"的总目标,并具体明确了"新建和改扩建 90 所幼儿园,新增幼儿园建筑面积约 3 万平方米"的园舍建设指标和"在现有幼儿园师资招聘规模的基础上,3 年净增 1 700 名左右的幼儿园教师"的师资队伍建设指标。

案例二:

政府主导制度模式改革的宁波经验

作为国家学前教育"明确政府责任"项目的改革试点城市,宁波市江北区慈城镇积极探索更富弹性与可行性的学前教育发展"五·三"制度模式,在学前教育发展的五个重要方面都提出了三种选择,而每个方面三种选择的结构比例及以何者为重,都可以由地方政府切实考虑当地实际发展水平与需要来确定。[18]

从资源配置的角度分析,该制度包含的五个方面主要涉及资源的配置主体、资源要素、资源配置服务对象三大类问题。资源配置主体方面,该制度设计提出公办幼儿园、普惠性民办幼儿园、选择性民办幼儿园并举的模式,通过大力发展前两者建设"广覆盖,保基本"的学前教育公共服务体系,以满足本区域所有适龄幼儿的入园需求;通过发展选择性民办幼儿园满足群众个性化的教育需求。资源要素方面,从园舍建设入手,该制度设计提出新建居住小区配套建设、新农村建设中公共服务设施配套建设、中小学富余校舍改建三种途径并行。资源配置服务对象方面,该制度设计提出补教师、补幼儿、补幼儿园的三种方式,其实质是强调只有多方式多途径的公共财政投入体制才能有效平

---

[18] 周永明,张建萍.政府主导的学前教育发展制度设计与选择——以宁波市江北区慈城镇为例[J].学前教育研究,2011(3):3-10.

衡公办园与民办园、公办教师与非公办教师、城镇教师与山村教师、入读公办园幼儿和入读民办园幼儿等不同主体的利益。

案例三：

幼教改革与社会主义新农村建设深度融合的安吉经验[19]

如今浙江安吉已不仅为国内学前教育界津津乐道，更是因为英国BBC的报道、美国幼儿园的复制而走出国门，吸引了世界各地的幼教专家、幼儿园的目光。与全国千千万万县镇、农村的情况相似，随着经济发展，安吉县的很多村庄也有大量年轻人进城务工，只有少数留守儿童仍在大山中，学前教育面临生存的严峻问题。安吉县15年来的成功实践给出了一条幼教改革与社会主义新农村建设深度融合的解决思路。

从2003年起，浙江按照全面建设小康示范村的标准，开展"千村示范、万村整治"工程，安吉县政府把幼儿园作为"美丽乡村"建设的一部分，与安吉政治经济的发展相结合，形成互助互利的良性发展模式。在政府征询、制定考核奖励标准时，县教育局把建设农村标准化幼儿园作为评比美丽乡村的评估标准之一，建议赋予1.5分的权重，并被政府采纳。由于在考核中，前后两名的差距不过零点零几分，正是这1.5分成功撬动了村庄建设幼儿园的积极性。此外，安吉县政府通过多种机制，凝聚合力，助推县域所有幼儿园游戏教育的研究与发展。从2010年开始，安吉通过乡镇、教育局"双渠道"补助的方式，累计投入经费2 500余万元，完成了农村幼儿园的游戏场地改造和游戏材料的配备、更新。2014年起，安吉县政府又每年投入200万元专项经费，用于"安吉游戏"的实践研究。

在政府积极作为的同时，教育内部也充分挖掘当地丰富的竹林自然资源，在面临投入不足的困境时，取法自然：幼儿园利用遍地的竹子制成梯子、秋千、桌椅，搭建茅屋、瞭望台；利用丰富的木材，切割、打磨成造型简单的大型建构积木、原生态的跷跷板、平衡木；利用丰富的沙土资源、水利资源，建成沙池、水池、泥池。上述种种都成为幼儿园课程开发的重要资源，得到了国内外专家的一致好评。

上述三个案例分别取自特大城市、城镇和农村，各自的不同做法和特点正说明了学前教育资源配置需要依据地方的资源条件、发展基础和实际需求，实施以政府为主导的上层制度设计，在社会公共服务的大背景下实现资源配置的统筹安排。

---

[19] 常晶."安吉游戏"为什么能成功——浙江安吉学前教育改革启示录(下)[N].中国教育报,2016-10-29.

（二）配置主体角度：鼓励学前教育资源的多元主体供给

《规划纲要》提出"建立政府主导、社会参与、公办民办并举的办园体制"，市场在资源配置中的主动参与，一方面能补位财政投入不能覆盖的范围，同时也能更为灵活地满足差异化的入园需求。

1. 学前教育公私合作的资源配置模式

在政府主导的同时，公私合作作为一种公共教育资源的委托管理模式，可有效扩大普惠性学前教育资源的供给。在这种模式下，政府通过政策支持、资金直补、租金减免等方式作用于学前教育机构发展的全过程，降低了学前教育机构的办学成本；另一方面，公私合作提高了学前教育服务供给效益，部分学前教育服务政府部门在人力、财力有限的条件下，运用有限的财政性经费去购买私营部门相应的专业化服务的合作模式，促进了"管办分离"和政府职能转变。

案例：

北京市的"政府委托办园"试点

北京市部分区县自2010年开始进行"免除国有资产使用费、收费实行政府限价"的"政府委托办园"试点，扩展普惠性学前教育资源总量。基本思路是政府将行政区域内属于区教委权属的住宅小区配套学前教育设施界定为"公办幼儿园"，政府作为投资主体和监管主体，办园者为办学主体和幼儿园的管理主体。政府对委托办园的投入力度远大于非政府委托办园，投入形式主要是减免"国有资产占用费"或是直接的财政拨款。承办者自主管理配套幼儿园，区学前办、社办科等相关部门按照相关要求对该幼儿园进行监管、考核、验收。在招生收费方面，承办方必须严格遵守政府制定的指导收费标准或是参照公办园收费标准。

由于政府的财政能力、现有学前教育资源状况、社会的承受力以及决策者对于民办教育服务提供者的认识等存在差异，各区县在实践中存在不同的操作方式：①政府投资民间办学模式。类似"民间承包"类型，政府只需于最初负责提供基本的设施，并与民间经营者订立无偿借用契约，其余全部的经营权，包括人事、经费，均委托民间个人或团体负责，自负盈亏。②政府购买服务模式。政府为委托园提供园舍及开园前一次性基础设施、设备投入，经营者的责任是确保教育质量，并在幼儿园运营、课程编排、人事管理等方面有自主权。

"政府委托办园"实质构建了公私合作伙伴关系,学前教育发展中的公私合作是公共部门和私营部门或私人为提供学前教育产品与服务共担责任、共享收益的行动和过程。[20] 这种合作关系的建立具有多重动因:学前教育发展中的矛盾与需求是直接动力;公共产品多主体供给趋势是中观原因;政府转型与职能改革是深层次动力。[21]

2. 政府购买学前教育公共服务的制度创新

"购买服务"这一政策工具源自西方政府公共服务供给模式的转变,近年来,国家出台的多项指导学前教育发展的政策性文件都提出了"购买服务"的思想。各地探索的"购买学前教育服务"政策,既有以购买学位方式进行的直接购买,也有采用经费补贴(分类资助)的直接购买,还有利用幼儿教育券通过家长间接购买的方式。[22]

案例一:

上海市的购买学位政策

上海市的政府部门很早就意识到政府购买模式在提供学前教育服务上的可行性,并在公办学前教育资源不足的区域进行实践,向民办园购买学位,使适龄幼儿能够用比较优惠的价格就近入园。

浦东新区的做法是,社发局将幼儿园的园舍租赁给具有一定资质的个人和社会组织开办民办园,并以优惠租金和给予本园区地段生的生均经费补贴的方式来向民办园购买学位。为确保购买服务能真正令百姓受惠,第一是收费公示,合规收费;第二是审计监督,并将审计结果进行公示;第三是质量监控,浦东新区社发局委托中介评估机构对民办园的办学质量水平进行评估,通过督导、调研等多种方式对民办园的质量进行监控;第四是社会评估,由浦东新区教育署负责,通过对家长的问卷调查和社区访谈等多种方法对地段生的就读情况进行调查,评估民办园的办园水平。[23]

上海闵行区提出了民办幼儿园"小区生"补贴政策。为确保公建配套民办幼儿园的公益性,解决民办幼儿园办园收费高和居民负担重之间的矛盾,闵行区政府2011年出台了《闵行区对公建配套民办幼儿园实行财政补贴的管理办法》。根据规定,"小区生"是指户籍在公建配套民办幼儿园规定招生区域内的适龄儿童,或为区域内产权房业主

---

[20] 丁秀棠. 北京两区"政府委托办园"实践的模式分析与思考[J]. 学前教育研究,2013(10):9-14.
[21] 李辉. 我国学前教育发展中的公私合作:模式与特点[J]. 教育发展研究,2014(18):22-28.
[22] 姚根静. 基于教育券思想对我国幼儿教育券政策的分析[J]. 学前教育研究,2013(10):15-20.
[23] 孙素雅. 政府购买学前教育服务研究[D]. 东北财经大学,2016.

（具有中国国籍）的直系亲属的适龄儿童；"小区生"的管理费分为A、B两类：A类（上海市一级幼儿园的公建配套民办幼儿园）管理费每人每月600元；B类（其他公建配套民办幼儿园）管理费每人每月330元；公建配套的民办幼儿园，每收一名"小区生"，可获财政补贴3 000-5 000元/生/年。

案例二：

江苏省南京市的幼儿助学券政策

江苏省南京市实施的幼儿助学券政策则是一种间接购买的方式。家长向政府申请获取教育券的资格，政府在审核家长的申请后向其发放教育券。家长持教育券，将幼儿送入符合规定的托幼机构。托幼机构收集了教育券以后，政府兑换教育券，向托幼机构拨款。通过引入教育券，公立机构的垄断地位被打破，家长购买能力和选择权的增加会导致市场竞争加剧，学前教育质量得到提升，同时服务供给也呈现多样化和有活力等特征。[24]

学前教育资源的多元主体供给在实践中具有一定的创新空间，其中，公私合作模式（PPP模式）是公共政策领域的一个关注热点。作为公共政策的舶来品，PPP模式的运用应当充分评估其适用性，并做好风险评估。有研究者基于对国际运用PPP模式于学前领域相关经验的梳理，提出应控制并降低PPP的整体规模，具备条件地区试行民办公助模式；在实行民办公助模式的过程中，应培育契约精神，加强绩效导向的合同制定；同时，应建立强有力的管理配套和外部制度环境。[25]

（三）资源要素角度：聚焦学前教育资源配置的核心要素

1. 基于标准的学前教育资源建设

学前教育有质量的普及有赖于基本标准的建立和推行。在第一轮学前教育"三年行动计划"期间，教育部组织修订了《幼儿园建设标准》《幼儿园玩教具配备标准》等一系列标准化文件，各地也逐步启动了幼儿园标准化建设工程。

福建省制定了幼儿园基本办学标准和普惠性民办园管理办法，推进公、民办幼儿园

---

[24] 刘颖,冯晓霞.政府购买学前教育服务的方式及其特点与影响[J].学前教育研究,2014(11):20-22.

[25] 柳倩.我国学前教育推行公私合作模式的风险及其规避：国际的视角[J].教育发展研究,2016(20):34-40.

标准化建设，提高政府购买普惠性民办学前教育服务试点水平。山东省青岛市将幼儿园标准化建设作为学前教育改革突破口，连续四年列入市办实事，作为市、区两级政府民生工程予以重点保障。按省定基本办园条件标准新建、改扩建幼儿园 969 所，提供优质学位 17 万个，占全市幼儿园学位总数比例达 70.5％。2016 年青岛市有幼儿园 2 354 所，90％的幼儿园达到省定基本办园条件标准。

在国家财政的大力支持下，近两年乡镇中心园幼儿园标准化建设、农村幼儿园标准化建设快速推进。仅甘肃省白银市会宁县一地，两轮"三年行动计划"共投入 2 亿多元，90％以上的资金用于 28 个普惠性乡镇中心幼儿园、275 所行政村幼儿园（含在建）和 7 所农村民办幼儿园硬件建设和基础设施配套，幼儿园硬件设施基本得到规范。重庆市则印发了《重庆市中小学幼儿园标准化建设参考图集》，以图集形式全面、系统地阐述了中小学、幼儿园建设的标准，并对城乡学校实施一体化标准。

2. 多样化的师资扶助模式

模式一：学前教育巡回支教

中西部巡回支教试点是师资配置角度的学前教育弱势扶助政策：2012 年，教育部和财政部在辽宁、河南、湖南、贵州、陕西 5 省启动实施中西部农村偏远地区学前教育巡回支教试点工作，取得了积极成效。至 2014 年，试点工作实施范围为河北、内蒙古、辽宁、黑龙江、福建、江西、河南、湖南、广西、云南、陕西、甘肃、青海、宁夏，共计 14 个省份。

各省份试点工作所需经费由中央财政和地方财政共同承担。巡回支教志愿者工作生活补贴标准参照用人单位所在地事业单位新聘用工作人员试用期满后的工资水平确定。中央财政对巡回支教志愿者在岗期间的工作生活补贴以及参加社会保险等费用给予补助。其中西部地区每人每年补助 1.5 万元、中部地区每人每年补助 1 万元、东部地区每人每年补助 0.5 万元。对新设立的巡回支教点一次性补助 1.5 万元。地方财政负担组织实施试点工作必要的工作经费、志愿者体检、培训费用以及工作生活补贴和社会保险补贴的不足部分等，负担支教点日常运转、玩教具和相应设备的更新维修费用。

以甘肃省为例，2015 年，该省借助教育部学前教育巡回支教、藏区"顶岗支教"项目，通过政府购买服务和动员社会力量分别招募大中专毕业生志愿者 500 名和 400 名，开展农村偏远地区学前教育巡回支教。2012 年以来，仅会宁县一地就安排学前教育巡回支教志愿者 160 名，有效强化了师资保障。

模式二：普惠性民办园师资扶助模式

各地方政府支持普惠性民办园教师队伍建设的相关政策重点加强了对师资待遇的保障，其主要方式有如下两种：一是通过普惠性民办园认定审批或监督管理政策来加强教师队伍建设;二是直接为普惠性民办园教师队伍建设提供财政支持。[26]

(1)通过文件和地方政策保障教师待遇。民办园教师队伍流动性高、稳定性差的一个突出原因是民办园教师工资待遇普遍偏低。要实现对师资水平的长效建设,首先要确保一支稳定的师资队伍,因此,多地的普惠性民办园审批和监管政策明确提出了对教师待遇保障的要求,将其作为普惠性民办园的审批条件之一。

《深圳市普惠性幼儿园管理暂行办法》(2013 年)要求"普惠性幼儿园应当按照政府规定用途使用补助经费,奖励性补助经费应当用于提高教职工待遇……各区教育行政部门应当建立健全财政补助经费监管制度,定期进行专项审计"。此外,在普惠性幼儿园的申请材料中,要求提交"幼儿园上一学年度银行缴费凭证、银行代发薪证明材料、本年度银行账(验原件,留复印件)及本年度近 3 个月教职工工资签领表"。

上海闵行区在《闵行区民办幼儿园财务管理制度》中规定:"民办幼儿园人员工资及福利支出占经常性经费支出的比例一般不低于 70%。工资及福利支出包括:在业务活动成本和管理费用中列支的基本工资、津贴、奖金、住房公积金、社会保障费、福利费、兼职教师薪酬、劳务费、工会经费等。"

(2)直接为普惠性民办园教师队伍建设提供财政支持。在保障教师待遇以增强普惠性民办园教师队伍稳定性的同时,一些地区还在落实民办园教师与公办园教师"同等法律地位"方面进行了有益探索,将普惠性民办园教师纳入到幼儿教师继续教育体系内,实施免费培训。

深圳市将普惠性民办园中的合格非在编教师纳入了全市幼儿教师培训(《深圳市学前教育师资培养培训计划》,2012 年)。重庆江北区政府设立"幼儿园教职工培训经费补助",由区教委制订全区幼儿园教职工年度培训计划,将合格的普惠性民办园教师纳入免费培训。培训经费纳入全区教师培训经费中统筹安排。上海市浦东新区在对民办幼儿园的专项财政投入中设立了"专业支持"项目,将所有民办园教师纳入与公办幼儿园统一的培训渠道进行在职培训,师资培训经费每年 200 元/人,每年约 30 万元左右。此外,在《关于促进农民工同住子女学前教育工作的财政扶持意见》中进一步规定:"根据民办三级幼儿园和学前儿童看护点的不同特点,开展人员培训,培训经费参照公办教师培训标准计算,纳入教育局师资培训经费预算。"2011—2012 年,对看护点人员进行培训,培训经费共计 45.92 万元。

模式三:幼儿园见习教师规范化培训模式

随着大量新建幼儿园的投入使用,一大批新入职幼儿教师的专业化发展成为学前

---

[26] 梁慧娟.我国地方普惠性民办园教师政策分析及其启示[J].学前教育研究,2014(6):30-38.

教育事业面临的严峻挑战。如何有效开展新教师培训,尽快帮助新教师熟悉和适应工作岗位,保障和提升学前教育质量,是多地破解学前教育发展难题的重中之重。

案例:

上海市建立见习教师规范化培训制度[27]

上海市自2012年全面实施中小学、幼儿园见习教师规范化培训制度,遴选全市116所学校(幼儿园)作为培训基地,积极探索多样化培训与考核形式,努力让新教师迈好爱岗敬业善教"第一步"。主要取得了以下经验:

(1) 科学设计内容,明确培训目标。设计职业感悟与师德修养、课堂经历与教学实践、班级工作与德育体验、教学研究与专业发展四大模块内容,对见习教师进行全方位的培训。市级层面成立专家指导组,为每个区配备2-3名精通基础教育教学的一线专家,全程参与见习教师规范化培训。培训强调见习教师综合素质、基本专业知识与能力的提升,帮助见习教师认识与适应教师角色,提高教师角色认同感,形成良好教学行为规范,夯实了新进教师业务能力。

(2) 建立配套政策,保障培训实施。见习教师的人事关系采用各区县(学校)与拟录用的见习教师签订一年聘用合同的办法,培训结束后聘用合同自然终止。培训对象培训期间的工资待遇参照其所在培训基地同类人员水平发放,依法享有养老、医疗、生育、工伤、公积金等社会保障。见习教师培训结束经考核合格,与聘用学校签订(续签)事业单位聘用合同时,原则上不再设试用期。见习教师凭《上海市见习教师规范化培训合格证书》和任教学校聘书进行教师资格首次注册。

(3) 结合学历提升,探索培养新路径。开展见习教师规范化培训与教育硕士专业学位教育相结合的培养试点,实施见习教师招录与教育硕士专业学位研究生招生相结合、见习教师培训与教育硕士专业学位研究生培养相结合、见习教师考核标准与教育硕士专业学位授予标准相结合。华东师范大学、上海师范大学将见习教师规范化培训课程纳入研究生培养方案,并给予相应学分。

(四) 资源服务对象角度:特大型城市学前教育服务均等化的"积分制"制度创新

区域的学前教育资源配置与区域的社会经济发展密切相关,资源的配置和使用应在公平和效率之间取得平衡。经济发达地区的教育资源相对较为丰富,但数量巨大的

---

[27] 教育部简报[2012]第141期。

流动人口的涌入,带来了入园难等一系列问题。这对社会公共治理的制度创新提出了新的要求。在这一背景下,以积分排名方式安排外来流动人员子女入读幼儿园的制度设计创新,进一步推动了公共服务均等化。

以上海市闵行区为例,为了有效应对人口大量导入、来沪人员随迁子女接受学前教育需求迫切的问题,闵行区教育局在调查与研究的基础上,于2014年印发了《关于闵行区来沪人员随迁子女积分制入园的实施办法》《闵行区来沪人员随迁子女积分制入园标准》对来沪人员在闵行的居住情况、工作年限、缴纳保险年限、持有居住证情况、文化程度、技术职称、计划生育、公益活动等进行综合评定,计算积分,并从高分到低分进行排序。各试点街镇、莘庄工业区根据申请人获得的积分及各幼儿园的学额数确定录取名单,没有被录取的幼儿根据区域内的学前教育资源及申请人的积分情况统筹安排到民办三级幼儿园或看护点,也可以选择回到原籍接受学前教育。

同为人口导入区的深圳,在缓解外来人口子女入园难的问题上也积极进行"积分制"的探索。部分区的积分入园规则参照深圳市义务教育阶段新生入学积分标准,根据申请儿童及监护人的户籍、计划生育情况、缴纳社会保险情况、居住证情况等进行积分,按积分高低进行学位排序录取。

"积分制"入园政策基本遵循"总量控制、统筹兼顾、分类管理、分区排名"的管理原则,进一步规范了学前教育招生行为,在促进特大、超大型城市教育基本公共服务公平方面起到了积极作用。

四、对学前教育资源配置的建议

(一)政府在学前教育资源配置中应发挥基础作用

1. 积极推进相关政策和立法保障

国际经验表明,为确保学前教育全面普及的战略方向有效实现,无论是发达国家和地区还是发展中国家,首先积极推进学前教育法律和政策建设,其次不断深化办园体制改革,逐渐建立起以公立学前教育机构为主体的普及模式。OECD组织有一半以上国家的公立机构数比例达50%以上。再次,以免费、减费或补助为主要路径实施普及战略。上述举措有力保障了全体儿童平等接受学前教育的权利,极大促进了学前教育的普及。[28]

---

[28] 庞丽娟,夏婧.国际学前教育发展战略:普及、公平与高质量[J].教育学报,2013,9(3):49-55.

美国以立法的形式明确规定和规范对学前教育事业的投入,并根据实际情况不断修订和完善相关法律规定,在很大程度上保证了对学前教育事业的投入,满足了学前教育事业发展的财政需求,同时也在相当程度上避免了资金的滥用、挪用和不合理的侵占。

我国一方面应加快学前教育立法进程,推进解决影响学前教育事业发展的深层次问题,为学前教育事业发展提供法律保障;另一方面,各级地方政府也应根据资源配置现状对已出台的地方性政策文件作进一步的完善。如普惠性民办幼儿园的认定和扶助政策中纳入对教师队伍建设的相关规定,免保教费政策向农村留守儿童倾斜,提高学前扶助项目的使用效率和扶助实效等。

2. 进一步规范旨在扶助普惠性民办园发展的国家项目

将公共经费投向处境不利儿童的政策已受到国际社会的广泛响应。世界各国针对处境不利学前儿童及其家庭提供支持的社会政策路径存在着两种不同模式:其一,通过公共转移和税收等再分配政策降低儿童贫困率,通过育儿津贴、教育券、税收减免等政策提高贫困家庭支付保育费用能力等;其二,通过国家特殊计划直接保障处境不利儿童获得保育和教育服务的机会。[29] 学前教育发展的国家项目正属于上述后一种模式。

国际经验表明,国家项目的开展将儿童早期教育从一系列短期的、分散的工作转变为一整套社会保障性服务,取得了卓越成效。国际上较有影响力的国家项目,如:

(1) 美国的开端计划(Head Start),主要面向家庭收入低于联邦政府贫困线的 3-5 岁幼儿,旨在"为低收入家庭的儿童提供学习性的环境,提高入学准备";

(2) 英国的确保开端计划(Sure Start),主要形式是教育部提供拨款、地方政府负责规划和运营、在全国建立的 3 千余所儿童中心,提供儿童早期教育与保育以及针对幼儿、家长和准家长的社会服务;

(3) 印度的儿童综合发展服务项目(ICDS),目的是促进贫困地区学前儿童的整体发展,服务的内容包括为孕妇和当地母亲提供有质量的健康和营养服务、促进 0-6 岁儿童的身体和社会发展、对目标人群(儿童)的母亲进行健康和营养教育。

我国有关扶持普惠性民办幼儿园发展的各项政策措施与上述国家项目有颇多同质性,均是对弱势群体的一种国家性保障政策。尽管很多省市出台了普惠性幼儿园认定、扶持及管理办法,通过财政补贴和收费管理引导民办幼儿园提供普惠性服务,但由于各地的管理办法和实施、监管力度存在差异,普惠性民办园的生存和发展空间也不尽相同。资料显示,黑龙江把支持普惠性民办园发展作为扩大普惠资源的重要措施,2012—

---

[29] 柳倩. 普及学前教育政策的国际发展趋势述评[J]. 外国教育研究,2011(1):44-50.

2013年共投入1.15亿元,扶持民办园3 400所次,受益幼儿24万人次。目前,经教育行政部门认定并予以扶持的普惠性民办幼儿园已占民办园总数的39%,到2016年这一比例将达到50%。而与此同时,项目组在甘肃省的实地调研却发现,普惠性民办园认定比例偏低、扶持力度远不及政策规定的情况依然存在,严重阻碍了普惠性民办园的发展。

因此应从顶层设计出发,明确实施扶持普惠性民办园发展的国家项目,出台普惠性民办园认定、扶持及管理的国家基本标准,在此基础上允许各省市根据实际情况进行适当调整,并加强标准、政策的实施效果评估与监督,确保学前教育发展的普惠性方向。

3. 实施学前一年免费教育,探索学前教育纳入义务教育破冰

近年来,学前教育存在的入园难、入园贵问题备受社会关注和公众诟病。为破解这一难题,从中央到地方,从专家学者到普通百姓,都以对下一代负责的态度,设身处地地提出了许多颇具操作性的建设性意见和建议,其中尤以"将学前教育纳入全民义务教育范畴"的呼声为甚。

国际上,法国实行全民免费学前教育。幼儿学校多数与当地小学相邻,拥有独立的教学楼,每周共计26小时,在工作日8:30-12:00和14:00-16:30期间,向周边3-5岁的适龄儿童完全免费开放。早在20世纪90年代初,法国3-5岁幼儿的入学率便已达到100%,并一直维持至今。

我国西部的陕西省于2011年率先实施学前一年的免费教育:免除学前一年幼儿(学前班、幼儿园大班)保教费,即免除在公办幼儿园就读的学前一年幼儿保教费,对在民办幼儿园就读的学前一年幼儿按照同级同类公办幼儿园保教费标准予以减免。江苏省南京市也于2014年秋季新学期开始在全市各区统一实行学前一年基本免费教育,对在符合规定的公、民办幼儿园就读的大班幼儿,每生每月减免保育教育费600元,全年按10个月减免。

多地的探索表明,学前一年免费教育的实施对改善教育资源分布不均、政府投入不够的现状具有积极意义,是贯彻落实国务院关于"地方政府是发展学前教育的责任主体,要加大投入力度,制定优惠政策,着力构建覆盖城乡、布局合理的学前教育公共服务体系"要求的具体体现。在有条件的地区,应进一步鼓励这种有益的尝试,为学前资源配置提供更多有借鉴价值的实践案例。

(二)建立以政府为主体的学前教育多元投入和支持体系

根据约翰斯通理论,成本分担应遵循"谁收益,谁承担"原则。学前教育不仅能使家

庭、幼儿园从中获益,而且国外的长期追踪研究也表明学前教育为社会和国家带来最高的回报效益。综合利益获得原则和能力支付原则,学前教育的受益主体包括政府、家庭、幼儿园和社会,[30]社会对学前教育的投入因此也是具有合理基础的。事实上,民办幼儿园构成了我国学前教育不可或缺的重要力量。有研究表明,以政府公共投入为主体的多元模式既有利于政府获得新的教育资源,又有利于政府在政策多变的环境中保持教育资源投入的稳定性,从而实现教育普化的国家目标。

多元主体参与投入学前教育有利于缓解城镇学前教育资源供不应求的问题,但要满足学前教育普惠性的定位,政府必须给予相应的政策或财政支持。我国学前教育的现状是把有限的学前教育公共财政经费向公办园倾斜,从而助推了"入园难""入园贵"的问题。[31] 如果多元投入主体得不到相应的财政支持,就将有相当多的幼儿被排除在公共教育资源之外。因此,政府对企业、私人举办的幼儿园可出台抵税、免费提供场地等优惠政策,确保每一个新建小区都有一个师资、设备齐全的幼儿园,将民办幼儿园教师纳入规范的职后培训体系,并通过政府的资助政策来降低收费标准,使学前教育公共资源惠及更多儿童。

(三)学前教育资源配置的城乡一体化应突出"省级统筹、以县为主"

"省级统筹,以县为主"的核心是指要加大省级政府对省域内学前教育的统筹领导责任和县级政府对县域内学前教育的管理指导责任。[32]

我国各省级行政区承担着省域内社会公共事业发展的主要职责,但目前我国不仅省际经济社会发展极不均衡,而且在许多省份,省域内经济社会发展不均衡现象也十分突出,且呈逐步扩大的趋势,江苏、广东、青海、新疆、内蒙古、黑龙江、陕西、宁夏等部分省区的省内差异甚至还要大于全国视角下的省际差异。[33] 明确并加强省级政府对省域内学前教育的统筹领导责任对保障省域内学前教育公共服务资源的合理配置意义重大。

另一方面,我国学前教育供需矛盾突出,县级政府作为基层行政枢纽,更了解基层群众对学前教育发展的需求,正在实施中的学前教育"三年行动计划"也是以县为单位进行编制的。因此,县级政府作为学前教育管理基本单元,应负责制定县域内学前教育发展规划并统筹管理本辖区的学前教育;规范幼儿园教师人事聘任、考核制度,依据县

---

[30] 张曾莲.我国学前教育成本分担研究[J].价格理论与实践,2012(6):51-52.
[31] 姜峰,程晴晴.政府资助计划推动下的新加坡学前教育发展及其启示[J].外国教育研究,2013(6):36-43.
[32] 庞丽娟,范明丽."省级统筹以县为主"完善我国学前教育管理体制[J].教育研究,2013(10):24-28.
[33] 胡鞍钢,魏星.地区经济发展的局部不均衡剖解:1993—2005[J].改革,2008(11):68-76.

级财力优先保证编制内幼儿园教师的工资、津贴与福利待遇，督促并支持各类性质幼儿园落实非在编教师的基本工资待遇、社会保障及福利等；保障县域内幼儿园的合理布局、规范运转。这也有利于改变以往主要依靠财力相对薄弱的乡（镇）一级政府举办幼儿教育的疲软局面。

（四）幼儿教师资源配置应考虑"权益"与"质量"两手抓

人力资源是学前教育资源配置中确保内涵发展的关键要素。面对幼儿教师数量严重缺乏、专业水平参差不齐的现实问题，资源配置的思路一方面是从投入角度保障不同身份的幼儿教师的相关权益，另一方面则要从管理政策角度加强对师资质量的提升。

第一，通过明确幼儿教师的身份，完善工资待遇保障机制，保障幼儿教师的基本工资待遇。在积极核定公办园编制的同时，创新保障方式，通过生均财政拨款、专项补助等方式，解决好公办园非在编教师、农村幼儿园教师工资待遇问题。对民办园教师施行资格准入和注册登记制，同时加强对民办园的监管，督促其依法保障教职工工资待遇和社会保险。

第二，健全幼儿园教师培养体系。各地方应根据事业发展需要制订幼儿园教师培养规划，扩大培养规模。鼓励地方通过免费师范生、幼教特岗计划等方式，为农村培养合格的幼儿教师。建立幼儿教师培训与专业发展的相关制度，使学前教师培训制度化、规范化，同时，向普惠性民办园教师提供免费培训、评奖评优机会、职称评聘权利等，切实保障幼儿教师专业素养和水平的提高。

（五）公共监督实现资源配置效率与公平的最佳结合点

如何避免质量下降是每一个快速扩大学前教育服务体系的国家都必须考虑到的问题。对于我国这样的发展中人口大国，入园率的提高意味着学前教育服务体系供应面的扩大，当教育资源被大量用于扩大招生的园舍等硬件建设的时候，往往会遭遇师资短缺或者质量不高的矛盾。因此，对普惠性学前教育进行长期的、多元的公共监督与效益质量评估是实现资源配置效率与公平的重要保障。

如何将每一分投入发挥出最大的效能，是政府在进行学前教育资源配置时需要长期评估和监督的问题。一方面，如果将资源在分配和使用方面的管理权下放，加大地方在资源配置上的自主权和灵活性，就必须对成本效益进行科学的预算、评估和监管，增强其成本效益的透明度。这方面可借鉴英国确保开端计划的相关做法。确保开端儿童中心在多年运营中不间断地接受调查与评估，内容包括运营情况、服务质量、对儿童及家长的影响等，参与调查和评估儿童中心的部门与机构也体现出多元化特点，如确保开端全国评估机构(National Evaluation of Sure Start,NESS)、英国教育标准局等,增加了测评结果的相对合理性。[34]

另一方面,从教育公平的理念出发,给所有的孩子提供优质的学前教育已经或正在成为许多国家政府的共识和使命。作为学前教育质量保障的全国性学前教育质量监测体系的建立应尽早进入我国教育行政部门的议事日程。学前教育质量监测提供的数据能使我们清楚地了解各地教育质量的现状以及它与发展目标之间的距离。这将为寻找有效的应对策略提供重要依据,从而有利于逐步减小地区、城乡间教育质量的不平衡,也有利于政府更为公平、透明地分配教育资源。[35]

---

[34] 赵明玉,杨秀玉.英国普惠性学前教育政策及启示[J].外国教育研究,2014(8):54-61.
[35] 周欣.建立全国性学前教育质量监测体系的意义与思路[J].学前教育研究,2012(1):23-27.

第四章

均衡：义务教育资源配置

一、义务教育资源配置的价值取向

"教育资源配置总是要满足动态变化的现实需要,总要以解决某些现实问题为目标,因此教育资源配置有明确的解决现实问题的价值取向。"[1]从 2005 年开始,"均衡发展是义务教育的战略性任务"等字眼逐步出现在政府文件和规划中。现在,均衡发展更是成为义务教育发展的最强音。但是,在义务教育均衡发展的实践过程中,对均衡与发展的关系一直存在两种本质上截然不同的理解,从而导致两种不同的资源配置理念。

对义务教育而言,发展与均衡是两个不同维度的评估指标,发展是与绝对标准进行纵向比较,均衡则是指不同客体间的横向比较。两个目标都是义务教育所需要的。义务教育均衡发展是发展中的均衡?还是均衡中的发展?"发展中的均衡"可以理解为教育发展到一定水平才能实现教育均衡。先发展,再谈均衡。否则,就会造成低水平均衡。这是以前效率优先,集中发展模式的变相体现,一些区域将资源集中投向已经具有较好发展基础的区域或者学校,大力建设示范区、窗口校,导致义务教育的非均衡态势更加严重。"均衡中的发展"是指义务教育的发展必须以均衡作为基本的价值取向,判断义务教育发展水平是以均衡作为基本指标,不是等到教育发展到一定水平才来关注和解决均衡问题。在前者的引领下,资源配置注重资源总量的增加,在后者的引领下,资源配置注重教育水平差距的缩小。当前,我们选择的是在均衡中发展。以均衡作为发展的第一指标。这是当前义务教育资源配置的价值取向,它规定了义务教育资源配置的目标。

此外,均衡(Equity)不等于均等(Equality)。"均衡"意味着公正、合理分配。比如在公司里面有四个股东,每个股东占有 25%的股份,是股份均等。如果按照每个人的贡献大小及投资比例,四个股东可能占有 15%,20%,25%,30%,这是均衡。所以均衡可以是均等,但不一定是均等。从均衡的内容上看,我们将义务教育均衡通常分为四种均衡:教育机会均衡、教育条件均衡、教育过程均衡、教育结果均衡。这四种均衡,从发展水平上看,是依次递增的,教育机会均衡是基础,教育结果均衡是水平最高的教育均衡,是义务教育发展的最理想状态。

一个国家或一个地区,办学基本条件、基本的教育机会均等(如毛入学率的达标)依靠政府提供外部资源。但是,当外部资源配置作为学校发展的外因,达到一定程度时,对教育质量所产生的影响效应就会出现饱和点,超过饱和点,资源的进一步增加就不再

---

[1] 张国强.教育资源配置的价值取向问题研究[J].山东高等教育,2015(3):21-25.

对教育质量产生统计学意义上的显著影响。教育质量的影响因素就变为系统内部的生态因子,即教育过程与教育结果。我们将教育机会均衡、教育条件均衡称为外延式均衡,这是一种低阶均衡;将教育过程均衡与教育结果均衡称为内涵式均衡,这是一种高阶均衡,也称为优质均衡。外延式均衡发展重在教育规模的扩大、办学条件的改善等。内涵式均衡发展重点是在特定的办学条件下,挖掘学校内部潜力,形成学校自主发展机制。因此,此种均衡发展模式注重教学过程的优化、师生关系的改善和学生个性化学习需求的满足。其中,教师资源的质量是这一模式的关键。

对外延式均衡发展而言,均衡的标准是均等。这容易让人误以为校际之间、区域之间的办学条件、教学设施、师资力量处在同一水准上,就实现了教育均衡。这种看法是不科学的。这仅是教育均衡的一个方面。它忽视了内涵式均衡,忽视了学校内在发展机制的作用。义务教育均衡发展的目的绝不是削峰填谷,不是"一刀切",不是"千校一面",而是引领学校在各自"可塑性"发展水平上"尽可能充分"地发展。因此,对内涵式均衡发展而言,均衡的标准不是均等化,而是学校特色发展,这不仅是国际基础教育发展的大趋势,也是实现均衡发展的最高阶段。可见,义务教育均衡发展是"外延式底线均等与内涵式特色发展的统一,是政府外部推动与学校内部系统改革的有机结合"。[2]

二、义务教育资源配置的现状分析

(一)注重外延式均衡,忽视内涵式均衡

在教育均衡发展理念的引领下,各级政府都加大了对义务教育的资源投入总量。但是由于受只有硬件具备才能追求内涵发展的片面理念的引导,教育资源多投入于学校硬件建设。相比外延发展的投入,义务教育在内涵均衡发展上的投入不够,一定程度上制约了教育质量的提升,致使教育投入效益打了折扣。实际上,外延式均衡与内涵式均衡虽然从水平上看一个是低水平,一个是高水平,但并不意味着要先实现低水平的外延式均衡,再实现高水平的内涵式均衡。二者并不具有阶段性,而是可以同时追求,甚至内涵式均衡要优先于外延式均衡。例如,拥有专用舞蹈教室,确实利于学生艺术素养的培育,但是,在缺少专用舞蹈教室的前提下,教师对培养学生的艺术素养还有很大的发挥空间。即便是学校的课桌破旧没有达标,但是如果教师的专业品质高,学校管理水

---

[2] 刘志军,王振存.走向高位均衡:基础教育改革与发展的应然追求[J].教育研究,2012(3):35-40.

平高,有主动发展的积极性,也可以大幅提高学校办学质量。这两种均衡的责任主体是不相同的。硬件资源的配置,责任在政府;发挥教师资源的效益,责任主体是学校和教师。西部地区目前正致力于条件均衡,在项目组对甘肃某地的调研中,受访者反映,城区学校生均占地面积和生均校舍建筑面积不达标,教辅用房不足,导致无法按期实现义务教育均衡发展。在访谈中,相关负责人将均衡发展等同于外延式均衡发展,在谈到均衡发展时对内涵式发展闭口不谈,这种误解导致资源投入效益不利于推进真正的义务教育均衡。

(二) 注重均等,忽视特色化

我国的义务教育均衡发展起点是从不均衡的客观现实中开始的,不同区域处在不同的发展起点上。例如,经济发达地区的上海正大踏步地走向教育过程均衡,而西部地区却正处在办学条件均衡阶段。有的学校已经进入高水平的内涵发展阶段,有的学校还没有解决外延式发展问题。然而,各个地区、各个学校无论起点在何处,都不会停止自己的发展步伐。在起点存在差距的基础上,每个发展主体都处在发展过程之中,会保持原有或者拉大差距。因此,绝对的均等是不可能实现的。我们追求的均衡,只能是我们的一种信念或者一种追求的目标。我们追求的均衡只能是一种将差距控制在可以接受的范围内的均等,并不是绝对的均等。盲目追求绝对的均等,不仅不现实,还将打击我们追求均衡的积极性。然而,在资源配置过程中追求绝对均等的行为却很多。在我们对西部一些地区的调研中,许多领导普遍认为:实现均衡,非常难。实际上他们追求的均衡是绝对均等,而不是可以接受的差异。

学校特色化发展既是均衡发展的高级阶段,也是国际教育发展趋势。目前,高中发展明确提出了特色化发展的目标,但是在义务教育阶段,由于受到均衡就是均等的理念影响,注重均等,忽视在学校特色化发展方面的资源投入。学校的特色化发展没有成为义务教育阶段明确追求的目标,这制约了义务教育向高阶均衡发展。

(三) 注重增加资源总量,忽视效果评价

我国在义务教育上的投入越来越大。查阅各级政府有关均衡的工作报告,我们发现许多政府较关心投入多少,比上一年度增加了多少,增长率是否符合上级政府和政策的要求。资源使用单位则关心如何从政府获得更多的投入,对是否达成政策目标并不关心。即便这样,优质教育资源总量不足的问题仍然明显。择校热就是这一问题的直观反映。调查显示,从全国范围内看,近四成的市民认为中国的择校热非常严重。为了给孩子报名读名校,天不亮就去排队的新闻屡见不鲜。择校的深层原因则是重点学校

制度造成的。虽然已经撤销了重点学校和重点班制度,但是由于以前积累的发展差距不可能在短时间内消除,优质资源不足仍旧是现有资源配置模式需要解决的问题。

更重要的是,配置的资源对促进均衡发挥的作用无人考究,导致政府财政投入年年增加,但对目标实现成效缺少精确的把握。原因有二。

首先,义务教育政策目标设定模糊,政策目标缺乏阶段性、具体、可以量化检测的表述,"加强""力争""尽可能"等模糊的字眼频繁出现,导致执行者缺少推进义务教育均衡的紧迫感。公众的期待也是模糊的,监督也缺乏明确的指向。政策目标对政策执行者的制约和激励作用有限。如果不能确定精确、清晰、具体的均衡发展目标,政府没有相应的绩效评估措施,约束和激励的价值就会打折扣。其次,与义务教育的属性有关。义务教育是一种公共产品,其产权为国家所有。然而,国有产权的一个特点是其主体是国家(或政府),但是国家(或政府)并不能实际参与,而是由国家(或政府)选定的代理人来行使这些权利。这些代理人虽然掌握着公共财产资源,但对于公共资源的分配和使用,考虑较多的往往是如何能产生立竿见影的效果。因此,一些面子工程、政绩展示工程等易于被外人眼见为实的工程更容易被政府官员青睐。义务教育是一种具有福利性、长期性的公共事业,农村义务教育的投入对经济发展的成效,需要在一个长期缓慢的过程中才能凸显,不太容易给政府官员带来眼前的效益或功绩。因此政府官员难免不大关心义务教育资源配置产生的均衡效果。

(四)财政资源配置模式很难解决教育差异化发展态势

由于我国历史上实施的优先发展战略,东部地区的义务教育无论在发展水平还是均衡程度上,在起点上就高于中、西部地区。东部地区已经率先进入到优质均衡阶段。中部、西部地区还在办学条件均衡上努力。例如,调研发现,西部某地区已通过市级标准化学校认定的中小学,严格来说,标准化程度偏低,部分学校的部分指标值达不到该省义务教育学校办学基本标准的要求。该区目前有小学生的小学和九年制学校共83所,有初中学生的独立初中、九年制学校和完全中学共42所,学校数量多,均衡难度大[3]。从测算数据来看,该地区义务教育校际间均衡状况的8项指标差异系数严重超标,义务教育均衡难度较大。

不仅从全国范围看,各省份存在差异,在区域内部,校际差异也很明显。例如,对发达地区而言,虽然校际间生均教育财政资源差异程度呈现下降趋势,但是,北京的校际

---

[3] 资料来源:甘肃定西区调研访谈。

间生均教育资源差异程度高于区县间差异程度。[4] 校际间生均固定资产与生均设备差异高于生均教育经费差异。[5] 学校对义务教育财政配置情况的满意率:校际间低于区县间,小学高于初中。[6] 对于上海而言,资源配置的差异程度比教育过程、办学质量的差异大。[7]

无论是区域间还是区域内部,教育的差异客观存在。目前的资源配置模式不能有效解决这一问题。国家实施的是财政转移支付制度,中央和省级政府的财政转移支付力度不断加大,但是西部、中部地区县级财政能力有限,历史上欠账太多,学校标准化建设资金需求量大,加上人口流动对教育资源的新需求,"穷地区只能办穷教育"的状况并没有得到根本转变。例如,调研中发现,西部某地区为了解决大班额问题,对城区通过新建和改扩建的方式进行增容。但在建设过程中,存在建设用地难以落实和建设资金缺口较大的问题。目前,投资4 750万元的A初中缺口资金达2 020万元,投资8 470万元的B学校尚有5 470万元的资金缺口。仅仅靠转移支付办教育是比较困难的。对于区域内部的均衡,转移支付也未能起到应有作用。例如,北京市政府采用财政转移支付的方式,对农村地区实行倾斜。北京市某城区,市政府与区政府分担比例1∶9,北京市某郊区县,该比例为2∶8。但是,从市级财政转移支付的均衡效果来看,作用有限,不能从根本上缓解区县级政府义务教育财政供给能力存在的差距。[8]

研究表明,人均财政支出、人均GDP是影响小学与初中生均教育经费差异的主要因素。[9] 人均财政支出与人均GDP和区域的经济水平直接相关。不同区域的经济水平存在较大差异,是影响教育经费差异的因素之一。此外,影响财政资源均衡的因素还有区县政府教育财政支出的努力程度。[10] 例如,北京怀柔区2007年教育财政拨款增长率高于财政收入增长率16.19%,而石景山区处于各区最低,其教育财政拨款增长率仅高于财政收入增长率4.15%。义务教育财政均衡不仅要考虑区域经济发展水平、地区政府的财政努力程度,还要考虑不同区域内教育发展成本差异。这三个因素的存在,导致区域间的财政不均衡是常态。单靠转移支付解决不了问题。除了继续加强财政转移支付的力度外,还要给予贫困县、弱势发展区域以更多的分税政策倾斜,并建立地方财

---

[4] 栗玉香等. 义务教育财政均衡:政策与效果——基于北京市的实证分析[M]. 北京:经济科学出版社,2009:69.
[5] 栗玉香等. 义务教育财政均衡:政策与效果——基于北京市的实证分析[M]. 北京:经济科学出版社,2009:72.
[6] 栗玉香等. 义务教育财政均衡:政策与效果——基于北京市的实证分析[M]. 北京:经济科学出版社,2009:73.
[7] 傅禄建,汤林春. 义务教育均衡发展程度测评:综合教育基尼系数方法[M]. 上海:华东师范大学出版社,2013:106.
[8] 傅禄建,汤林春. 义务教育均衡发展程度测评:综合教育基尼系数方法[M]. 上海:华东师范大学出版社,2013:92.
[9] 栗玉香等. 义务教育财政均衡:政策与效果——基于北京市的实证分析[M]. 北京:经济科学出版社,2009:83.
[10] 栗玉香等. 义务教育财政均衡:政策与效果——基于北京市的实证分析[M]. 北京:经济科学出版社,2009:89.

政支持教育的奖励政策。

（五）教师资源配置模式制约义务教育的优质均衡发展

1. 教师资源数量无法满足教育发展的差异化需求

我国中小学教师编制政策，曾历经1984年和2001年两次重大调整。与1984年的政策相比，2001年的政策有两个重要变化：一是将编制标准的计算方式由原来的"班师比"改为"生师比"；二是按城市、县镇、农村，确定生师比分别为小学19∶1，21∶1，23∶1；初中13.5∶1，16∶1，18∶1，呈现出农村较县镇、县镇较城市编制三级递进的特点。

按照现有的教师编制标准，出现了教师整体满编但结构性缺失的问题。例如，在东部上海市一些区，小学科学教师严重缺乏，大都由主科教师兼任。西部的甘肃省某地区也存在类似问题，不过他们缺乏的是音体美、英语等学科教师。中部地区亦是如此。据山东某市的调研[11]，音乐、美术、体育、信息技术等学科的教师，很大一部分都是由其他学科教师兼任，一个教师教授两个不相关学科的现象非常普遍。一些学校的这些课程虽然是按上级规定开设的，但课表形同虚设，音乐、美术、体育、信息技术等学科被其他科教师抢占的现象屡见不鲜。一部分英语教师是从非英语专业转岗而来的，他们没有受过专业的英语教育，也没有英语专业证书，口语和听力水平达不到英语教师的基本要求，教学方法单一，学生学习英语的兴趣不高，学生的英语水平尤其是口语水平普遍较低。在招聘教师的过程中，由于优先满足城市学校的需要，导致农村学校教师数量不足，为了缓解这一现状，农村义务教育学校大力招聘代课教师。大量代课教师的存在，折射出教师编制管理中存在的问题。此外，农村中小学教师中，所教学科不是自身所学专业的教师占18.3%。这部分教师缺乏相应的专业技能，教学水平相对较低。

现有的教师编制标准也成为制约农村教师配置的桎梏。随着城镇化进程的不断加快，一方面，近年来农村义务教育学生数量总体回落，农村教师总量可能富余，但结构性短缺问题难以解决；另一方面，随着农村义务教育布局调整的逐步规范，农村小规模学校数量有所回升，小规模学校教师数量不足问题比较突出。东北师范大学农村教育研究所的研究结果表明：在农村地区，学生为211人至240人的学校，生师比为17.21∶1；学生为181人至210人的学校，生师比为16.25∶1。随着学生人数减少，生师比呈递减

---

[11] 曹丽媛.城乡教育一体化视阈下义务教育师资均衡配置研究——以山东省W市为例[D].淮北师范大学,2014.

趋势。学生为 10 人以下的学校,生师比仅为 4.24∶1。这意味着,学生少于 240 人的学校,全部严重超编配置教师。[12] 据统计,2012 年我国农村地区学生少于 240 人的小学(含教学点)有 16 万余所,在校生数占农村小学学生人数的 68.06%;学生少于 120 人的小学(含教学点)有 11 万余所,在校生数占农村小学学生人数的 24.87%。教师短缺是这些学校面临的严峻问题。据北京师范大学教育学部袁桂林教授估算,如果一所小学每个年级有一个 20 人的班,那么 6 个年级配 6 名教师就超编了。[13] 由于教师人数少,但该上的课却不少,于是就出现了一人每周上二三十节课的情况。农村学校周课时超过 20 节的教师比例超过 14.31%。小规模学校的教师工作量过大,容易引发焦虑和职业倦怠,教学质量难以得到保障。

这些突出矛盾显示,依据学校规模,基于生师比单维指标的教师配置方式并不合理。由于学校规模和班级规模存在城乡差距,生师比加剧了中小学教师编制的"城乡倒挂"问题。

2. 教师资源质量提升需要教师管理体系的改革

教师的质量是制约教育质量的关键要素。但是,目前义务教育的教师质量还不太令人满意。首先,在源头上,教师后备人选的质量就不太令人满意。目前我国师范院校招生分数线普遍低于高水平综合大学招生分数线,优秀的学生不愿意报考师范专业。师范院校毕业生"流失"严重,师范生从教的比例仅为三分之一。教师职业除了"稳定性"具有一定的吸引力外,薪酬和社会地位无法吸引优秀人才从教。现有的教师准入制度未能筛选出真正具有教育潜能的优秀人才。我国中小学实行的教师准入制度是教师资格证制度。有意愿从事教师职业的候选人通过教师资格考试取得教师资格证书,进入教师职业。而我们的教师资格考试注重知识类的纸笔测试,无法鉴别实践技能与专业潜能。同时,教师准入标准过低,尤其是西部地区,师范类院校毕业生在招考过程中,所学专业、所考内容、考上之后所任学科三者不统一,严重影响了师资质量。

其次,在职教师管理体系僵化,制约了教师质量的提升。现行的教师职称评聘制度,教师从教 10-15 年评到高级职称后,就会进入专业发展的倦怠期。教师职业的终身制,导致教师缺少专业发展的动力。绩效工资制度则没有发挥激励作用。义务教育绩效工资改革后,教师工资由基本工资和绩效工资两部分构成,基本工资(岗位工资和薪

---

[12] 纪秀君.求解农村教师结构性缺编难题[N].中国教育报,2014-11-19.
[13] 同上。

级工资)约占工资总额的70%;绩效工资(基础性绩效工资和奖励性绩效工资)约占30%。其中基础性绩效工资用于平均分配,剩下奖励性绩效工资由学校自主分配。这种切分的配制方法使奖励性工资在整个工资收入中仅占9%,并没有发挥出绩效工资的激励性作用。

再次,教师的在职培训模式缺少针对性、实效性,制约了教师资源的质量提升。在东部地区例如上海,非常重视教师的在职培训,但是却存在培训不能满足教师现实需求的问题,培训的有效性需要提升。在西部地区,教师参与培训的机会很少,例如,所调查的西部某地区,教师每5年才能轮到一次机会。大部分培训机会都作为福利待遇给了已经发展得很好的骨干教师和优秀教师。

另外,目前教师的专业标准、专业评估、问责机制尚未形成,对教师资源配置缺乏来自教育外部的监督力量。

3. 教师资源数量与质量均存在明显城乡差异

据对山东省某市的调研[14]结果表明,义务教育阶段的教师资源配置不均衡。由表4-1可见,农村小学50岁以上的教师的占比远大于城市,教师老龄化趋势比较明显。老教师虽然具有经验丰富的优势,但是往往思想相对保守,观念相对陈旧,跟不上教育改革的步伐,制约了农村教师的专业发展水平。

表4-1　　　　　　　　山东省某市义务教育教师年龄结构分布比较

类别	20-30岁	31-40岁	41-50岁	51岁及以上
农村小学	12%	35.2%	35.2%	17.6%
农村中学	11.8%	43.6%	37.3%	7.3%
城市小学	37%	21.8%	37.8%	3.4%
城市中学	23.4%	35.9%	29.3%	11.4%

尽管学历并不是衡量教师素质的唯一指标,但也是反映师资质量的指标之一。由表4-2可见,城乡教师的学历差异十分显著。农村小学的中师比例达到25.9%。而城市小学的中师比例仅为2.5%。农村初中本科学历以上的教师占57.3%,城市中学本科以上的比例占78.5%。

---

[14] 曹丽媛.城乡教育一体化视阈下义务教育师资均衡配置研究——以山东省W市为例[D].淮北师范大学,2014.

表 4-2　　　　　　　　山东省某市城乡教师学历结构比较

类别	中师	大专	本科	研究生	本科及以上合计
农村小学	25.9%	21.3%	44.4%	2.8%	47.2%
城市小学	2.5%	29.4%	58.8%	6.7%	65.5%
农村初中	5.5%	37.3%	50.9%	6.4%	57.3%
城市中学	1.8%	19.8%	55.1%	23.4%	78.5%

由表 4-3 可见，城乡优秀教师比例差异显著。小学高级职称中有 80.5% 的教师是城市小学教师，而农村教师占 19.5%。农村中学的高级教师占比 23.5%，城市中学教师占比 76.5%。优秀教师比例也呈现出城市远高于农村的现象。这反映出城乡教师师资的不均衡现状，城市教师质量好于农村教师。

表 4-3　　　　　　　　城乡优质教师比例比较

类别	高级职称比例	优秀教师比例（含学科带头人、骨干、优青、特级、教学能手）
农村小学	19.5%	15.8%
城市小学	80.5%	40.3%
农村中学	23.5%	31.8%
城市中学	76.5%	55.2%

农村小学无论是在工作满意度还是经济收入的满意度上都明显低于城市小学，农村初中也呈现出相同的差异。提升农村教师的师资水平是义务教育均衡发展必须要解决的关键问题。

表 4-4　　　　　　　　城乡教师满意度比较

类别	满意与很满意所占比例	类别	满意与很满意所占比例
农村小学	30.6%	农村初中	31.7%
城市小学	55.5%	城市初中	52.1%

4. 教师流动机制未能发挥应有作用

教师流动被看作是义务教育均衡发展的关键。但事实上，教师的流动还没有真正实现，主要是因为教师流动缺少科学的机制。科学的流动机制一方面要解决教师参与流动的积极性问题：有的政府大规模地强制优质学校的教师到农村薄弱学校任教，导致教师产生抵触情绪，学校难以形成稳定的校园文化。另一方面要考虑现实的可能性。

要求教师抛家舍业进行流动,是否符合"以人为本"的现代教育理念。强制教师流动,本质上没有考虑到教师资源配置标准与财政资源配置标准的差异性。因此,设计可以激发教师,尤其是优秀教师流动积极性的机制是关键。

(六)新型城镇化发展趋势对资源配置提出挑战

城镇化是我国社会发展的总体趋势。研究表明,每提高一个百分点的城镇化率,就意味着每年有 1 000 多万农村人进入城市。《国家新型城镇化规划(2014—2020 年)》指出,我国当前正处于城镇化率 30%~70% 的快速发展区间。从现在到 2030 年,是我国城镇化的快速发展期,预计到 2030 年,我国的城镇化率将接近 70%。快速城镇化进程的一个直接后果是大量农村学龄儿童涌入城镇地区,农村学龄人口进一步减少。教育人口的迁徙,必然导致教育空间布局的变化,"城区挤,农村空"现象的出现不可避免。

根据项目组甘肃调研的数据,2014 年甘肃省安定市某区城区小学平均班额为 58 人,城区初中平均班额 61 人。该数据是作为缓解超大班额的成就提供的,可见城区大班额现象的严重性。2010 年 OECD 国家小学和初中的平均班额分别为 21 人和 23 人。

伴随着城镇大班额出现的是农村小规模学校的出现。百人(学生人数不足 100 人)以下的教学点大量涌现,如甘肃会宁县到 2017 年,全县学校的分布为教学点 200 个,小学 87 所,初级中学 38 所。教学点设施相对简陋,教师缺乏,教育质量根本无法与城镇学校相提并论。但为了保障质量,教学点规模虽小却要求"麻雀虽小,五脏俱全",在很大程度上将有限的资源分散化,很难达到教育资源的优化配置。

新型城镇化背景下如何化解城镇的大班额现象,如何解决农村教学点的质量问题,如何实现城乡统筹发展是义务教育资源配置面临的一大挑战。

三、义务教育资源优质均衡配置的经验

(一)以常住人口为基础的教育资源配置

在我国,户籍一直是与教育、医疗、社保等福利待遇紧密相连的,是配置社会资源的重要手段。城镇化进程中的人口集聚,加上户籍制度改革、二胎政策等,影响教育空间布局,也对教育空间优化、资源配置提出了新的要求。如何基于区域人口、产业结构状况等提前规划教育空间布局成为需要思考的重要问题。按常住人口配置教育资源,是上海实施义务教育以来最重大的制度突破与政策安排,为确保外来人口得到公平的教育机会和各区域之间动态的义务教育资源的均衡配置提供了坚实基础。

上海作为特大型城市,根据 2017 年 3 月的统计数据[15],常住人口为 2 419.7 万,其中外来常住人口达 980.2 万,16 年之内上海常住人口增加约 800 万;而且区域之间人口增减趋势反差极大。"六普"资料与"五普"时相比,中心城区黄浦区降幅达 25.2%,常住人口总量增幅最大的三个区依次为松江区(146.8%)、闵行区(99.6%)、嘉定区(95.4%)。

自 1985 年中共中央颁布《关于教育体制改革的决定》以来,各级政府一直按照户籍人口进行基础教育分级管理、地方负责,具体由县级地方政府基于户籍学龄人口数进行义务教育学额安排和资源配置。十多年来,上海外来人口大幅度增加,务工人员在郊区集聚,农村人口向城镇集中,上海中心城区人口持续向郊区转移,上海城市基础设施承载能力滞后与人口的快速增长、转移,局部点上的公共设施资源的严重不足与总量发展之间的矛盾凸显,这些社会问题与教育问题长期交织,集中反映在义务教育学额安排难题上,上海市必须按照常住人口配置资源才能从根本上解决问题。

2011 年 12 月,《上海市基础教育改革和发展"十二五"规划》明确"以常住人口为基数,优化配置教育资源",为此制定了《上海市基础教育"十二五"基本建设规划》;2011—2015 年,全市拟建义务教育基本建设项目共 355 个,增加用地面积约 639.51 万平方米、建筑面积约 430.15 万平方米、匡算投资约 168.68 亿元。截至 2013 年 10 月底,上海市义务教育基本建设已启动项目 181 个。

(二)差异化标准引导差异化的资源配置

自 2001 年起,国家教育部及相关部委共发布了近三十份标准文件,从学校建设和办学的角度提出校园校舍建设标准、仪器设备配备标准、图书配备标准、实验室配备标准、教师配备标准等。义务教育资源配置的价值追求中"优质均衡"本身就是有差异的均衡,并不是均等化。由于我国东中西部差异大,不同区域处在不同的均衡发展的起点上,对相对薄弱的西部地区和东部发达地区,势必要有区别地要求和引导。对于前者,首先需要设立底线标准确保基本的硬件资源配置;对于后者,则是在优质均衡的价值追求上提出更高要求。

1. 西部地区:守住底线,进行兜底式的资源配置

2014 年,教育部办公厅、国家发展改革委办公厅、财政部办公厅在颁布的《全面改善贫困地区义务教育薄弱学校基本办学条件底线要求》中提出 20 项底线要求,对贫困地

---

[15] 数据来源:2016 年上海市国民经济和社会发展统计公报。

区义务教育薄弱学校优先保障必须完成的项目内容。这项政策面向贫困地区,聚焦薄弱学校,以"保基本、补短板"为工作目标,旨在加强贫困地区义务教育学校标准化建设,使薄弱学校达到基本办学标准,尽快改善贫困地区义务教育面貌,切实缩小区域、城乡、校际差距,大力促进教育公平,是落实《全面改善农村义务教育薄弱学校基本办学条件的意见》的切实举措。同年,国务院颁布的《国家贫困地区儿童发展规划(2014—2020年)》中指出要"推动各地制定义务教育阶段学校标准化的时间表、路线图,解决农村义务教育中寄宿条件不足、大班额、上下学交通困难、基本教学仪器和图书不达标等突出问题"。

例如,贵州用"十有"标准打造农村寄宿制学校。[16] "十有"标准即:有功能齐全的教学及辅助用房,有完善齐备的教学设施,有满足需要的学生宿舍,有标准够用的学生食堂,有符合要求的卫生室,有方便文明的厕所,有四季能用的浴室,有标准规范的运动场,有纯净充足的生活用水和开水,有温馨舒适的留守儿童之家。目前,已建成学生宿舍400余万平方米、学生食堂14 955个、教师周转宿舍12.39万套、乡村学校少年宫616所、标准化农村留守儿童之家1 600个,贵州省农村初中生、小学生寄宿率分别达到66%、25%。

2. 东部地区:从内涵发展角度对资源配置提出更高要求

2012年教育部颁布了《县域义务教育均衡发展督导评估暂行办法》,上海立足"入学机会、保障机制、教师队伍和教育质量与管理"等4方面17项指标,结合上海义务教育发展特点进行了相应的调整与补充,形成4方面37项指标,增加了20个上海特色指标,如"保障进城务工人员子女接受义务教育全免费、全接纳""不以升学率和考试成绩排名作为评价教育部门、学校的唯一依据,形成有利于学校发展的质量监控和评价制度""小学快乐活动日得到有效落实"等,这些指标将在今后的教育督政、督学中发挥有力的导向作用,成为上海义务教育正向发展的助推器。

2015年10月,上海市教育委员会等9家单位发布《促进本市城乡义务教育一体化实施意见(暂行)》,就上海市义务教育阶段公办学校建设、设施设备配置、信息化建设、教师配置与收入、生均经费等在全市统一标准,促进城乡基本公共教育服务均等化,提升全市基本公共教育服务水平。包括在学校建设标准上,"十三五"期间建设和改造"一场一馆一池"(学生剧场、室内体育馆、室内游泳池),满足义务教育阶段对学生综合素质发展的要求;在优化学校教育装备配置上,以构建基于学生发展需求、以学生为中心的

---

[16] 教育部督导办. 义务教育标准化建设[EB/OL]. http://www.moe.edu.cn/.

学习内容、学习特征和设施设备深度融合的学习环境为目标；在学校信息化环境建设上实现新的"升级"，包括优化中小学信息基础设施环境，提升普通教室信息化配置，建设中小学多功能数字学习中心，统一中小学信息化移动终端配置等；此外，对于教师队伍配置、资质、培训等也做出相关规定。

（三）盘活优质教育资源存量的资源配置

经济学上，"盘活存量"指的是采取各种方式，整合资产，利用好现有的资产，防止资产的闲置浪费。在教育领域，除了增加教育资源投入来实现优质资源增量外，在现有的条件下，充分利用好现有的优质教育资源显得更为重要。2012年，《国务院关于深入推进义务教育均衡发展的意见》指出要"发挥优质学校的辐射带动作用，鼓励建立学校联盟，探索集团化办学，提倡对口帮扶，实施学区化管理，整体提升学校办学水平"。

1. 以"圈链点"方式优化区域资源空间布局

由于历史、地理等因素，上海普陀区教育资源分布不均衡，中部、东部的教育资源相对比较集中，西北部原本已比较紧张的教育资源因为近年来大量外来人口的搬迁、涌入更加剧了矛盾；从教育发展质量来看，南部和中部教育发展水平相对较高，而位于城郊接合部的地区则处于教育的"洼地"。

优质教育"圈链点"发展战略，既是一个地域的概念，也是一个资源布局的行动计划，更是一个综合发展的战略措施。[17]

打造"优质教育圈"。所谓"圈"，就是在全区内根据不同的教育资源分布情况与发展要求，划分为东西南北中五个"教育圈"，使普陀区"东西南北中"各个区域的布局上，都有一流的学校、一流的教育，在各级各类学校中都有一批排头兵。构建优质教育"链"。所谓"链"，就是一种"借力提升、互推联动"的发展思路和改革行动，通过"借天借地借资源"的办学改革策略，通过借力、联动，带动优质教育资源建设。普陀区紧紧依托区内市级实验性示范性高中、素质教育实验校等优势，依托高等院校和科研机构优势，依托国外教育优势，通过承办和合作办学等形式，提升一批学校的办学质量和办学水平，不断形成一个个优质教育资源群。创建优质教育"点"。所谓"点"，就是具体的每一个学校，是普陀区基础教育优质均衡布局与发展的根本；"点"的思路就是区内每一所学校都必须立足本校，注重内涵，以主动发展的精神办好每一所学校。

---

[17] 荀澄敏.重内涵 育品质 共发展 让优质教育惠及民生[N].东方教育时报，2014-8-18.

2. 横向扩大与纵向打通，提高优质教育资源供给

十八届三中全会针对教育领域综合改革提出"统筹城乡义务教育资源均衡配置""试行学区制和九年一贯对口招生"的要求，依据这一要求，北京开始勾画"新教育地图"。北京市从横、纵两个维度，努力实现"存量盘活，增量推进"。横向扩大优质教育资源是主要举措，包括学区联盟、大校年级组制、教育集团、教育集群制，积极扩展优质学校的服务半径，提高优质教育资源供给总量。纵向主要是打通学段，建设一体化的九年一贯制学校和推进九年一贯对口直升改革。

北京丰台区是拥有270多所学校的教育大区，既有一流的示范校，也有相对薄弱的农村校。为了缩小教育不均衡的差距，丰台区采用"内升外引"的方式来扩大优质教育资源。[18]所谓"内升外引"就是以示范高中校为龙头，用优质资源辐射带动周边普通中小学，形成区域教育发展的良好生态，包括引进高校和教育研究机构办附属校（园）、引进外区优质校办分校、鼓励本区优质校（园）办分校（园）三种方式。

北京东城区作为率先实行九年一贯制试点的区县，从2014年开始，采用两种方式建立九年一贯制学校。一种是品牌初中联合普通小学，组建九年一贯制学校；二是对于优质品牌小学，将上延3年，增设初中，形成九年一贯制学校。针对处于普通小学和优质小学之间的二类小学，东城区教委则给予升学政策倾斜，30%毕业生对口直升优质初中。青年湖小学与第一七一中学等9对九年一贯制试点学校，从2015年起，小学毕业生将以至少10%的比例实现对口直升。其中，文汇中学与文汇小学对口直升比例为30%；前门小学与前门外国语学校对口直升比例达50%；广渠门中学与花市小学对口直升比例则达100%。之所以对口直升比例有所不同，是根据小学毕业生的人数和中学接纳的能力综合考量而产生的。[19]

（四）打破制度壁垒，实现优质资源流动和共享

1. 委托管理：解决农村学校的发展瓶颈，缩小城乡差距

2007年，上海市教育委员会颁发了《以教育内涵建设项目推动义务教育均衡发展的实施方案》的通知，基础教育委托管理项目正式启动。基础教育委托管理发端于浦东新区实践的"基础教育学校托管"改革。目前，托管学校覆盖到全市的所有区县，受托管学校达到80所，受益学生8万余名。委托管理项目是上海基础教育从"外延式"发展向

---

[18] 李琦. 扩大优质教育资源[N]. 京华时报，2014-4-29.
[19] 张灵等. 九年一贯制成未来入学方向[N]. 京华时报，2015-4-21.

"内涵式"发展转向阶段中采取的重要措施,也是上海加速教育现代化的重要目标。这项跨区域优质教育资源共享的新机制,打破以往区域分级管理中的制度壁垒,符合国际范围的新公共管理改革趋势,在上海缩小城乡"二元结构"教育差异上发挥重要作用。

2. 对口合作:提升公建配套学校办学质量

公建配套学校一般在初办阶段会出现"薄弱学校"的普遍性问题,如管理薄弱、生源差、师资力量不到位等。为此,上海采取区县教育对口合作形式,由人口导出区派出优秀办学团队承办人口导入区商品房基地公建配套学校。对口办学模式分为承办模式、结对支持模式两类。承办模式一般由人口导出区政府在本区优质学校选派校长、副校长、中层干部和一定量的骨干教师进入新办校进行办学。结对支持就是新建公建配套学校由学校所在地政府派员管理,人口导出区政府指定一所优质学校与之结对,在管理和教学方面进行帮扶。2012年上海市教育评估院对9所对口办学学校进行了调研,对口办学总体办学成效较好,教师认同度和满意率较高,学校社会声望不断提升,与社区关系不断改善,学生流失情况改善,回流出现。

3. 城乡一体化学校:"一个法人,一体化管理"

2012年起北京市政府连续几年以政府实事形式推进城乡新区一体化学校建设,在全市布局了优质教育资源的支撑点和新的生长点。城乡新区一体化学校建设的目标是:通过引入优质的教育资源,在农村、城乡接合部和城市发展新区建设一批优质中小学校,加快实现基本公共教育服务均等化。按照规定,申报建设的一体化学校重点要在学位紧张、优质资源紧缺的城乡接合部、中心城市人口疏解区及城市功能拓展区建设。同时,资源输出学校和资源输入学校要有一定的合作基础,并得到双方区县教委的认可和支持。

2012年市级投入约2.4亿元,首批建设15所学校,新增学位约9 012个,总学位22 810个。城乡新区一体化学校建设促进了优质资源融通共享。实施城乡新区学校一体化管理,不是简单地建设一批优质学校,而是要探索和建立一套城乡新区一体化学校建设发展的长效机制,从最初的捆绑式发展,到输入校借力提升,最终实现自主发展,各有特色,从而带动区域义务教育优质均衡发展。[20]

(五)统筹城乡教育资源,促进城乡一体化发展

《国家中长期教育改革和发展规划纲要(2010—2020年)》提出,要建立城乡一体化

---

[20] 张景华,杜弋鹏.城乡不同校区共享一名校长——北京今年将建成30所城乡一体化学校[N].光明日报,2013-2-17.

义务教育发展机制。城乡义务教育一体化是把城乡义务教育作为一个系统、整体,突破城乡分割分治的二元制度束缚,教育资源城乡共享,教育要素在系统内、城乡间合理流动,城乡间教育互相支持、互相补充,统筹、均衡、协调、共同发展的过程。实现城乡义务教育一体化,其关键在于实现教育资源城乡共享,让教育要素在系统内、城乡间合理流动。只有破除城乡教育二元结构的制度局限,城乡义务教育一体化才能顺利推进。

1. 以财政"三个统筹"均衡城乡和区域差异

上海市向来重视在经济与社会发展规划中整体安排基础教育资源的配置,特别对大居社区及新城基础教育资源的配置要求"同步规划、同步建设、同步交付"等,确保了基础教育资源配置到位。同时,上海实施了"城乡基础教育一体化工程",专门制定了《上海市基础教育"十二五"基本建设规划》,2011—2015 年,全市共建 807 个基础教育基建项目,有 85% 投向了郊区。教育资源总量的增加及合理布局,既缓解了就学压力,也进一步促进了教育公平。

为推进义务教育均衡发展,上海市从 2012 年开始实施市级财政"三个统筹":统筹下达教育支出占财政支出的比重,统筹下达区县财政教育转移支付资金,统筹少数经济发达中心城区部分财政教育资金用于支持郊区县和农村地区教育发展。

上海市教委会同有关部门,研究制订上海市基本统一的义务教育校建设标准、学校配置(设施设备)标准、教师队伍配置标准、教师收入标准和生均经费标准等五项标准,明确区县落实保障办学基本标准的主体责任,形成市与区县投入相结合的义务教育投入机制,为推进上海市基本公共教育服务均等化提供保障和支持。

2. 改革教师队伍管理,优化城乡教师数量和结构

教师轮岗交流是深化教育综合改革的一项重要内容,是推进优质教育资源均衡的有效措施。为缩短城乡之间、校际之间义务教育师资水平总体上的明显差距,教育部于 2014 年发布《关于推进县(区)域内义务教育学校校长教师交流轮岗的意见》(以下简称《意见》),以加强农村学校、薄弱学校校长教师补充配备,破解择校难题,促进教育公平,推进义务教育均衡发展。《意见》提出"县管校聘"的管理改革,通过多种方式方法促进城镇学校、优质学校校长和教师向农村学校、薄弱学校流动,逐步实现县(区)域内校长教师交流轮岗的制度化、常态化。2015 年,教育部确立了首批 19 个义务教育教师队伍"县管校聘"管理改革示范区,试行义务教育教师队伍"县管校聘"管理改革。

例如,作为试点区的江苏省淮安市清浦区实施以来有三成教师进行了异校轮岗交流,城区和农村学校的骨干教师占比、班均教师数等关键指标趋于一致,不仅提升了学校的整体教学水平,也提高了学生就近入学的比例。[21]

(六)引入市场机制,扩大教育资源的多元供给渠道

发达国家经验表明,政府不是公共服务的唯一提供者,通过市场化和社会化,把市场主体与社会组织引入到公共服务领域,能够有效提高公共服务供给水平。在教育领域,政府也越来越多地引入市场机制,扩大教育优质资源的多元供给,以满足社会公众多元、可选择的教育需求。

1. 政府购买教育服务,提升公共服务质量

购买教育服务是政府部门为了履行服务社会公众的职能,通过政府财政向各类社会服务机构直接购买教育服务而实现政府财政效力最大化、公共服务优质化的行为。从调研和资料收集来看,各地政府购买教育服务的实践大致有以下几种形式:购买学位、购买管理、购买教育评估服务、以发放教育券形式购买民办教育地段生和政策生,以及其他购买服务。

例如,早在2009年,上海浦东新区政府为解决外来人员子女数量激增,原有公办学校短期内无法满足农民工子女受教育的需求问题,出台了将符合相关条件的农民工子女学校转制为民办学校,再向民办学校购买学位的政策。政府购买学位就是"政府通过间接履职解决'上学难'问题的一种方式",满足农民工子女能依法享受到良好的义务教育,优质的教育资源。[22]该政策一定程度上解决了农民工子女"上学难"的问题,保障了农民工子女平等接受义务教育的权利。

又如,从2014年开始,北京市推出全市中小学生课外活动计划,采取政府购买服务方式,每年投入5亿元用于中小学生课外体育、文艺、科普社团活动。长期以来,由于孩子放学时间和家长单位下班时间存在时间差,很多家长只好给孩子报社会机构举办的各种托管班或培训班。这些托管班中,不少都存在师资差、场地有安全隐患的问题。北京市教委推出中小学生课外活动计划后,各中小学在星期一至星期五下午放学后的3点半至5点这段时间,都会安排课外活动,而费用由财政部门按照城区学生生均400元、远郊区县学生生均500元给予补贴。这项为家长解忧的教育公共服务,成了北京推进素质教育资源整合和发挥教育、社区以及家庭教育合力的突破口,生发出一系列让家

---

[21] 让校长变成"管理员"、教师变成"系统人",淮安市清浦区推进全员参与轮岗——打造教师交流的"江淮样本"[N]. 江苏教育报,2014-12-22.
[22] 周翠萍. 政府购买学位的政策分析——以上海浦东新区为例[J]. 上海教育科研,2009(9):16-18.

长和学生真正享受到的优质教育成果。[23]

2. 鼓励和引导民间资金进入教育领域

目前教育投入主要来自政府的公共财政,而且占了绝大多数。公共财政的教育投入,从经济学上讲属于第二次分配;通过市场实现的收入分配,被称为"第一次分配";个人出于自愿,把可支配收入的一部分捐赠出去,称为"第三次分配"。[24] 当下,一些公司、企业、协会、个人、民间以及团体等热衷慈善事业,乐意为偏远贫困地区义务教育献出爱心,并且有的已经付诸行动。但由于缺少科学规划,存在个人意愿的随意性和盲目性,造成资源浪费或者叠加的现象。

青岛市教育、发改、民政、财政、人社等12部门于2016年4月联合印发了《积极支持民间资本进入教育领域促进民办教育健康发展办法》(以下简称《办法》),进一步鼓励和引导民间资金进入教育领域,促进民办教育健康快速发展:对生源数量少、办学质量不高、办学效益低的公办学校,经过评估、审批等程序,探索可由民间资本举办;非营利性民办学校教师养老保险与公办学校教师同等待遇;设立民办教育专项资金等。《办法》是继2014年市政府《关于加快发展民办教育的意见》出台之后,对促进和规范民办教育发展相关政策措施的进一步细化和完善,共提出了25条较为具体、可操作性强的政策措施,主要有六方面的特点,即放宽准入条件、完善政策保障、创新金融服务、落实税收待遇、保障教师同等待遇、规范自主办学。[25]

3. 引入社会优质资源,支持中小学发展

北京2014年开始实施高等学校和社会力量支持中小学体育美育特色发展工作,而这项工作也被形象地简称为"高参小"。项目实施当年就有140所小学与高校、艺术院团和艺术机构、体育俱乐部等结成"对子",2015年又新增22所中小学,总数达到162所,有15万小学生直接受益。"高参小"由政府出面统筹,发挥北京得天独厚的体育、艺术社会资源优势,使基础教育改变传统的"关门办学"方式,与社会资源实现优势互补,构建北京中小学体育、艺术教育改革的新格局,从多角度盘活了首都教育公平均衡发展这盘大棋。

---

[23] 北京:政府购买服务促进教育融合[N]. 中国教育报,2015-4-23.
[24] 陈中原. 厉以宁:教育资源配置要发挥市场的作用[EB/OL]. http://news.xinhuanet.com/mrdx/2014-04/11/c_133255433.htm.
[25] 刘淼. 青岛出台新政:公办学校办不好可由民间资本接管[N/OL]. http://news.dailyqd.com/2016-04/26/content_325888.htm.

（七）强化监督与管理，提高教育资源配置效率

资源配置效率是指在一定的技术水平条件下各投入要素在各产出主体的分配所产生的效益。在当前大力推进义务教育均衡发展的同时，政府除了关注资源配置的公平性，也要关注资源配置的科学性、合理性和有效性，建立教育资源配置长效机制。作为教育资源配置主体的政府和教育行政部门，其资源配置中的国家意志无疑占据主体地位，因此，紧随其后的跟踪反馈机制必须与资源配置中这种强烈的国家意志紧密相连。[26]

1. 完善督导评估机制促进义务教育均衡发展

上海嘉定区通过完善督导评估机制来保证促进义务教育均衡。第一，确立明确的目标与发展愿景。根据区委、区政府提出的"社会发展市郊领先"的要求，明确提出"教育工作领先社会事业发展，加快实现由教育大区向教育强区转变"的目标。第二，明确各级政府部门的责任，并强化工作考核。以每年政府教育工作公示公报为抓手，强化发改委、建交委、财政局、规土局、房管局、教育局等部门的责任意识。修订"十二五"各委办局贯彻《义务教育法》责任书，把区财政局、发改委、建交委、规土局、人保局和教育局等政府职能部门列入督导考核评估范围。制定"十二五"嘉定区街镇教育工作考核指标，把教育经费统筹、加强师资队伍建设、改造薄弱学校、民办农民工学校管理、未成年思想道德建设工作等纳入考核指标体系。第三，以学校办学评估引领学校发展。将学校办学评估指标体系作为课题进行研究，重点调研评价机制在促进义务教育均衡发展过程中的作用及存在的问题。在此基础上，贯彻《上海市中长期教育改革和发展规划纲要》精神，围绕"为了每一个学生的终身发展"这一核心理念，制定了《"十二五"学校办学评估指标体系》。指标体系进一步引导学校全面实施素质教育，全面关注每一个学生健康快乐成长。自 2009 年以来，每年组织民办农民工小学专项督导，促进这类学校在教育资源配置、师资队伍建设、教育教学管理等方面达标。第四，建立督学资格评审制度，进一步完善专（兼）职督学队伍建设，促进督学专业化发展，提高督导评价的科学性和权威性，充分发挥家长委员会在促进学校均衡发展过程中的作用。

2. 立法管理确保教育资源均衡配置

2014 年 5 月 1 日起，江苏无锡正式施行《无锡市义务教育均衡发展条例》（以下简称

---

[26] 赵琦. 基于 DEA 的义务教育资源配置效率实证研究——以东部某市小学为例[J]. 教育研究，2015(3)：84-90.

《条例》),这是国内首部关于义务教育均衡发展的地方性法规。[27]《条例》明确规定任何单位和个人不得以任何名义收取与入学挂钩的费用,否则将依法追究相关责任。

2008年以来,无锡市持续五年大力推进义务教育均衡发展,已先后投入107亿元用于改善义务教育学校办学条件,该市10 491名校长、教师参加校际轮岗交流,义务教育均衡发展水平迈上新的台阶。同时,无锡还成为全国首批市(县)、区全部通过"全国义务教育发展基本均衡县(市、区)"认定的大中城市。

根据《条例》规定,无锡市、县级市、区政府及其教育行政部门应当保障学生就近入学,并根据本行政区域内学校布局以及适龄儿童、少年的数量和分布状况,合理确定和调整学校施教区范围、招生规模,并向社会公布。并且,根据《条例》,无锡地区的县级市、区政府及其教育行政部门需保证辖区内所有学校提供优质均衡的教育服务,不得分设或者变相分设重点学校和非重点学校,且学校应当均衡配置校内教育资源,不得分设或者变相分设重点班和非重点班等。

3. 以信息化手段监测均衡发展过程

辽宁大连开展大数据和技术支持的数据化督导,完善监测与分析模型,建设了现代化的督政、督学、评估监测三位一体的服务体系。[28] 自2010年开始,开发的平台系统中包括"义务教育均衡发展监测系统"。该系统分为数据上报统计、区域均衡发展状况分析、区域均衡发展监测和教育决策支持四个模块。其优势和价值在于:①数据采集网络化。所有指标均在系统中统一编辑与发布,指标内容直达基层单位,既可确保原始数据的真实与规范,又能快速通过网络将数据上传至上级管理部门,便捷高效。②数据处理智能化。基层单位仅需按照相关要求填写本单位最基础数据和信息即可,所有数据的分类和拆分,汇总和计算,系统都会自动完成,并能根据需要生成各种报表。③跟踪监测常态化。系统对不达标项目设有自动预警功能,可实时发现问题。④决策支持科学化。通过对监测到的详实数据进行科学的分析,给出改进的具体量化标准,为教育决策提供科学、详实的数据依据。

四、对义务教育资源配置的建议

教育作为一个以人为出发点和归宿的实践性活动,其资源配置既要在人力、物力、

---

[27] 江苏无锡颁行国内首部义务教育均衡发展地方法规[EB/OL]. http://www.chinadaily.com.cn/hqgj/jryw/2014-01-24/content_11100457.html.
[28] 教育部督导办. 辽宁省大连市:用信息化手段推动教育督导方式的转变[EB/OL]. http://www.moe.edu.cn/.

财力各方面形成科学合理流向,又要使其与教育活动紧密结合,更好地为教育活动服务,这是义务教育资源配置的最终追求。图4-1构建了义务教育资源配置在主体、客体、方式、管理四大方面的基本转型方向的框架。

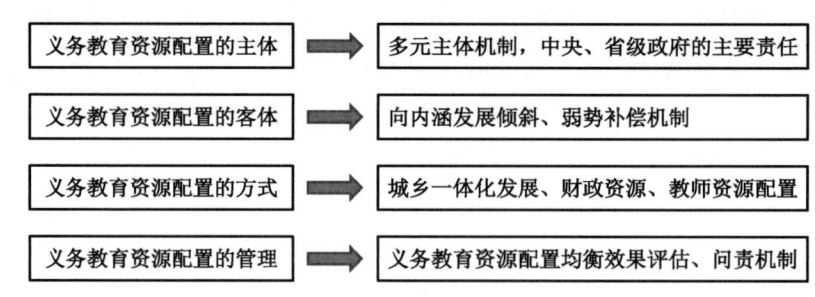

图4-1 义务教育资源配置转型方向

(一)建立义务教育筹资、运营责任主体多元机制

1. 从"公共利益"到"共同利益"的定位转变

目前,我们将义务教育界定为"公共利益",公共利益是人人享有的利益,人们往往认为公共利益与国家政策、公共政策的关系更为紧密,政府应该是公共利益的提供者。把教育作为一项公共事业,这一规则根植于国际公约框架。国家在保护公民的受教育权和确保平等原则方面的作用是无可争议的。然而国家在公立教育办学上的首要责任正日益受到质疑。民间组织、基金会、私营企业、融资渠道的多样化,更多的非国家行为者参与进来,使得公立教育与私立教育之间的界限开始模糊,利益攸关方更加多样化。联合国教科文组织在2015年《反思教育》中指出,"将教育定义为共同利益,对公立部门以及私营机构都具有约束力,是实现所有的基本权利的必要要素。从这个角度上看'共同利益'是更具有建设性的替代品。"[29]"共同利益"可以摆脱"公共利益"的三个局限,延伸了教育作为共同努力的集体层面:分担责任和精诚团结。共同行动是共同利益本身所固有的,且有助于共同利益。[30] 教育的多种职能不仅是政府的责任,同时也是社会的

---

[29] 联合国教科文组织. 反思教育:向"全球共同利益"的理念转变[M]. 联合国教科文组织中文科,译. 熊建辉,校译. 北京:教育科学出版社,2017:75.

[30] 联合国教科文组织. 反思教育:向"全球共同利益"的理念转变[M]. 联合国教科文组织中文科,译. 熊建辉,校译. 北京:教育科学出版社,2017:78.

责任。教育部门实现良好治理,需要政府与民间社会建立多种多样的伙伴关系。[31] 从"共同利益"的角度看义务教育,"公共"在这种视角下开始变得模糊。这意味着教育作为一项共同利益,必须具备包容性,应该超越公与私之间的对立。这就需要超越现有的私有化政策,同时也不能回归传统的公共管理模式。

近年来,国际组织试行了企业部门和基金会提出的发展筹资创新机制,特别是在教育领域。这项实验有助于所有合作伙伴(国家、私营部门、民间社会、学术界、公民)之间创设有效和创新的合作伙伴关系,以利用外部合作伙伴之间的专业知识、能力、资源。私营企业可以通过投资教育起到作用。例如,在印度,国家正在鼓励私营企业从每年的营业额中抽出2%的利润投资教育。政府通过为企业提供税收优惠的政策,用以征收企业社会责任基金这些额外资源。

2. 建立责权明晰的责任主体多元机制

义务教育作为社会共同体的共同利益这一定位,意味着管理义务教育的责任主体应该是多元的,不应仅仅是政府。当然,政府必须继续确保获取管理共同利益的职能。义务教育是机会平等上的第一环。政府承担两项任务:一是改革公立教育,实现公立教育专业化,包括利用明确的程序加强教育对社会的责任;二是监测和规范私营部门参与教育的情况。这种监测是为了确保公立或者私营部门遵守专业标准以及国际规范。对于义务教育而言,无论是筹资还是经营的责任主体都可以是多元的。在政府允许的标准框架下,多元主体为了共同的利益而努力。对于义务教育均衡发展中遇到的经费问题,可以通过建构多元运行机制予以解决。

3. 加强省级政府作为资源配置主体的责任

国际上,政府在义务教育上的主体作用有加强的趋势。例如,尽管美国是有着强烈的"地方分权自治"传统的国家,但是不断增强的国家主义政治倾向也体现在教育领域中。[32] 20世纪50-70年代,美国义务教育的主要管理责任在地方学区。地方政府(学区)通过征收财产税获得教育经费,是教育投入的绝对主体,其教育经费投入一度占学区教育总投入的80%以上。这种教育投入的"低重心"和过度依赖财产税的投入机制,直接导致了学区房地产估值越高,其生均教育经费就越高的教育投入不均的现象,而房

---

[31] 联合国教科文组织. 反思教育:向"全球共同利益"的理念转变[M]. 联合国教科文组织中文科,译. 熊建辉,校译. 北京:教育科学出版社,2017:81.

[32] 曹雁,罗朝猛. 20世纪美国教育的国家主义倾向考察[J]. 江苏第二师范学院学报,2006(3):69-73.

地产估值低的学区(贫困学区)为筹集满足支出需要的教育经费反而抽取较高的房地产税率。自20世纪80-90年代,富人不断迁徙到郊区,穷人到市区寻找工作,贫困和少数民族孩子主要集中在城市学区,使政府和立法机关面临着如何给城市学区提供足够公平的资金等新问题。为了解决这一问题,美国联邦及州政府不断介入。

如图4-2所示,1975年以前,地方政府是基础教育投入的绝对主体,但所占比例的总体趋势是下降的。20世纪80年代以后,义务教育的主要投入责任由学区上移,美国州政府对学区义务教育的财政支持开始超过学区成为义务教育最大财源,联邦政府对义务教育的投入也有非常明显的增长,从开始的几乎为零到稳定在10%左右。[33] 联邦和州政府逐渐成为义务教育投入的主体,教育投入相对集中的模式日趋形成。虽然在这个过程中充满了地方政府与上两级政府间控制与反控制的各种矛盾和冲突,但美国联邦政府通过立法及财政拨款项目将联邦的意图贯彻下去,调整了地区平衡,有效加强了对教育的干预。

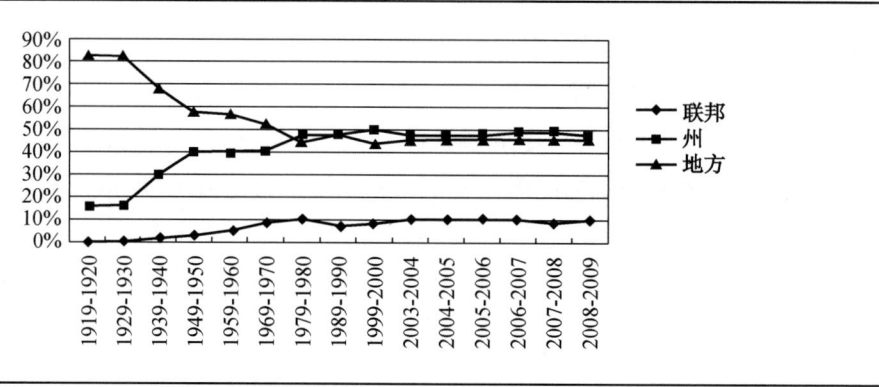

图4-2 历年美国公立中小学教育经费来源的途径及其比重[34]

据此,对我国的义务教育而言,应该清晰地界定中央政府、省级政府、市级政府、社会对义务教育承担的责任比例,省级政府应该承担比区县政府更多的责任。

(二)义务教育资源配置向内涵式均衡需求倾斜

如前所述,义务教育均衡在内容上分为外延式均衡与内涵式均衡,前者为低阶均衡,后者为高阶均衡,但是这并不意味着教育均衡发展要按照先低阶再高阶的顺序发

---

[33] 段云华. 美国义务教育均衡的财政变革及启示[J]. 湖北大学学报(哲学社会科学版),2013,40(4):120-124.
[34] 资料来源:Digest of Education Statistics, 2011, NCES.

展,只有实现了外延式均衡才能实现内涵式均衡。实际上,即便是西部经济不发达地区,义务教育也有内涵式发展的需求。可以说,只要是学校,提高办学质量、促进学生发展都是首要的任务。国外诸多研究表明,办学条件的提升与学生的学业成就没有表现出明显的正相关。因此,一味纠结于办学条件的均衡是义务教育均衡发展中必须要摆脱的思想束缚。办学条件的均衡可以在力所能及的情况下逐渐实现,但是内涵式均衡的实现刻不容缓。一所学校可以没有各种专业教室,但这并不妨碍学生艺术素养、体育素养、研究素养的提升。内涵式均衡并不是必须要在外延式均衡达到后才能追求的目标。

人民群众对基础教育的满意程度并不全在于校舍、设备等硬件的改善,相比物质计量和数量指标,他们更关注的是直接享受到高品质的教育服务。因此,义务教育均衡发展的着眼点和着力点必须调整,必须在关注政府的资源配置和保障孩子教育机会均等的同时,更加关注学校和教师为主导的教育过程,通过课程改革的推进、教学过程的优化、师生关系的和谐,让家长和社会从学生的健康成长中,看到实实在在的教育进步,得到实实在在的教育利益。[35] 义务教育所面临的主要问题已经不是如何在数量上去满足社会的需要,而是如何提高办学的效益和水平,提高人才的培养质量,发展重点在于内涵式均衡发展。因而,在教育资源配置上,由原来只关注教育机会以及教育资源的投入转向教育投入与"教育输出"并重,注重质量目标的提升以及质量结构的优化,注重以人的发展为目标的内涵式发展。

建议在义务教育资源配置中,将教育资源优先配置给内涵式均衡发展需求,如教师发展、校本课程建设、学校科研项目的实施等。

(三)建立旨在抬高底部的教育弱势补偿机制

1. 从弱势倾斜转向弱势补偿

相对于人们对教育需求的无限欲望,义务教育资源却总是稀缺的。虽然国家不断加大对义务教育的投入力度,但城乡之间的差距并没有明显缩小。实现义务教育均衡发展,必须改变教育资源配置的基本取向,从注重强势倾斜转向注重弱势倾斜,从弱势倾斜转向弱势补偿,建立起完善的对弱势学校进行补偿的教育补偿制度。义务教育资源配置中的补偿机制是一个由以政府为主,以弱势群体——弱势学校的发展为根本,以实效性为指针的机制体系。

---

〔35〕尹后庆.上海基础教育转型发展的责任担当与现实使命[J].教育发展研究,2011(18):1-10.

在按学生数均衡配置校舍、经费和教师等资源的同时,必须关注和扶持那些由于历史原因或是由于客观条件的限制在发展过程中受到影响的学校或群体。发展处于弱势的客体,无论是在外延式发展还是内涵式发展上均需要优先配置资源,将这些学校推上良性发展轨道,抬高底部、缩小差异是推进义务教育均衡发展的优先发展事项。

扶持弱势学校,日本和韩国做得比较成功。日本颁布了《偏僻地方教育振兴法》《孤岛振兴法》《大雪地带对策特别措施法》等法律,以对偏僻、落后地区教育财政提供支持。韩国在经费有限的情况下,特别强调政府义务教育经费先保障经济困难的岛崎和偏僻地区,再保障其他地区;先保障农村,再保障城市。韩国的《岛屿、偏僻地区教育振兴法》规定,国家对这些地区要优先支付所需经费。为了鼓励教师的积极性,还规定政府给予岛屿、偏僻地区教师津贴。目前,韩国义务教育的经费完全由国家财政支付。国家财政用于基础教育,基础教育中又主要用于义务教育阶段,尤其是经济不发达地区的义务教育。

2. 弱校发展的均衡配置资源应注重"注入+内生"

以往薄弱学校的改进往往采用一种"注入式"的发展思路,这种路径强调优质学校资源向薄弱学校的注入,如名校集团化、学校托管、骨干教师柔性流动等措施。短期内,注入式"输血"能对学校形成改革项目、改变传统管理和教学方式提供一定程度的支持,但当优质资源的注入到一定限度时,如果不能培育内生式的"造血"能量,学校发展就不可持续。

学校发展的内生能力建设的主体是校长和教师。学校通过不断的建设、修炼,成为学习型学校,教师群体在实践学习中逐渐形成学习共同体,将高水平办学和高质量教学的责任心和使命感内化于心,变革的理念成为内生的动机,不懈追求能力建构,创造新知识,在改革与创新的历练中提升学校的品质。如2010年上海市开始推进"上海市提升中小学课程领导力三年行动计划",用专业支持大力提升学校的课程开发、课程实施能力与水平。"课程领导力计划"在实施中,创新的学习共同体不断涌现,学习共同体通过丰富的对话,在思想与理念的交流与碰撞中不断向学习型组织挺进,极大地激发了学校的可持续发展的动机,培育了学校内生发展的能力。

(四)现有拨款模式走向财政拨款充足模式

1. 实行财政中立拨款模式

我国目前对义务教育财政资源的配置主要采取的是基数预算。基数预算产生于

20世纪50年代,是以上一年的支出为基数,适当考虑一定增长比例分配资金的方法,是"基数加增长"的拨款模式,并以转移支付方式实现。基数预算模式操作简单,但也有许多不足:预算基数的形成和增量的决定,主要依赖政治上的讨价还价,预算决策的理性程度较低。同时我国的义务教育经费筹资主体在地方政府,因此产生的经费与地区经济水平相关。经济发达地区的教育经费与不发达地区的教育经费差距很大。

为了推动义务教育均衡发展,当务之急是建立财政中立制度。"财政中立"(Fiscal Neutrality)的概念由美国学者奥登(A. Odden)提出,是指每一个学生的公共教育经费支出不能与本地区富裕程度或地方财力相关联,从而得到均等的教育机会。

在财政中立模式中,我们可以借鉴美国基本补助模式(基本金项目)。立法机关对义务教育规定基本的资金水平,州政府确保州内所有学区每个学生的最低受教育年度开支。为此,州与地方政府共同分担教育成本:学区按要求以全州统一的税率征税,学区筹集的资金与基本金水平之间的差额,由州资金弥补。州规定各个学区的税率是相同的,这样基本金项目就可以用公式表示为:州补助的差额 = 基本金 − 税基 × 税率。其中,各个学区的基本金和税率都是州统一规定的,因此,州补助的金额就取决于各个学区的财政能力。学区财政能力高,州补助就少;学区财政能力低,州补助就多。当学区财政能力远远超过州规定的基本金时,州不仅可以不补助,还可以通过征税的方式,把这些富余的经费转移到贫困的学区[36]。在这种拨款模式中,还加入了对教育成本的考虑。基本补助公式为:$G_i = B \times (1+C) - R \times V_i$,其中$G_i$为$i$学区学生的人均补助;$B$为基础性的学生人均补助或基本水平;$C$为$i$区的教育成本指数;$R$为基本的财产税率;$V_i$为$i$区学生的人均财产税基。此外,在拨款公式的设计、调整中,大部分州政府不仅考虑了地区经济发展水平,还通过"加权学生数"把影响教育成本的其他因素纳入了拨款公式中,如学校规模、班级规模、生师比、年级水平等。如南加利福尼亚州,4-8年级的学生权重为1.00,1-3年级和9-12年级学生的权重分别为1.24和1.25,特殊教育则根据成本的不同给予1.74-2.57的权重。[37]

2. 发达地区转向教育资源充足配置模式

在国家财力不足、教育资源不充分的时候,教育资源配置的标准往往按照国家经济

---

[36] [美]理查德·A·金,奥斯汀·D·斯旺森,斯科特·R·斯威特兰.教育财政——效率、公平与绩效[M].曹淑江等,译.北京:中国人民大学出版社,2010:176.

[37] 段云华.美国义务教育均衡的财政变革及启示[J].湖北大学学报(哲学社会科学版),2013,40(4):120-124.

收入的比例配置。到了教育资源充足阶段,资源配置的逻辑不再是政府能够提供多少,而是思考为了孩子的发展,需要多少,配置多少。这就是"资源配置充足模式"。重视学校自身发展所需经费,实现"按需分配"。

财政充足起源于美国。20世纪90年代美国各州发起了从关注"平等"转向重视"充足"的革命性转变。"教育财政充足"指的是一个州的公立中小学财政拨款体系需要为州内普通公立学校提供充足的教育资源,使得每个公立中小学校学生都能够达到州规定的成绩标准。从平等向充足的转变,影响了联邦政府的教育资助政策和走向。联邦政府的拨款放弃了开始仅注重投入和平等的历史习惯,逐渐重视教育的产出和结果。它要求各地依据制定的教育标准,对学生进行测试,并要求学校对学生的成绩进行问责。为了得到这些结果,联邦政府承诺增加财政资金,给予一些特殊资金使用的灵活性。[38]

3. 建立教育资源额外资助机制

教育资源额外资助机制是指除了政府配置的经费以外,配置客体经由自主渠道获得经费,支持学校发展的特殊需要。这对于义务教育优质均衡发展而言十分重要。

美国教育资助体系非常发达。联邦教育资助大致分为三种[39]:一般资助、分类援助(专项拨款)和一揽子拨款。一般资助不指定或限制资金用途,允许各州在适当的情况下自行支配。分类援助(专项拨款)则限制资金用途,必须将其用于特定目标和特定人群。大部分联邦拨款都是专项拨款,联邦政府通过专项拨款来实现自己的目标偏好,对资金使用情况进行监督和评估,确保资金使用与自己的意图一致。虽然分类援助(专项拨款)是促进纵向公平的有力手段,但联邦政府因为有太多的控制权,导致了对地方的过多干预,并引起地方不满。克服这些缺点的方法就是采用一揽子拨款,这实质上是介于前两者之间的资助方法,它将大量的专项项目合并,在联邦总体规划范围内,赋予州和地方政策制定者一些决定资金使用优先次序的自由裁量权。这种资助方式使地方教育机构有选择各种项目计划的灵活性,同时放松了规制,减轻了州和地方的行政成本。当然,无论以何种方式提供资助,联邦必须确保不能因为联邦的资助而减少州和地方的投入责任,"联邦资助要保证是补偿而不是替代的作用"。[40]

---

[38] 何沙沙.城乡义务教育财力资源的配置失衡问题与对策[D].河北大学,2014.
[39] 段云华.美国义务教育均衡的财政变革及启示[J].湖北大学学报(哲学社会科学版),2013,40(4):120-124.
[40] [美]小弗恩·布里姆莱,鲁龙·R·贾弗尔德.教育财政学——因应变革时代[M].窦卫霖,译.北京:中国人民大学出版社,2007:188.

（五）现有教师资源配置尤其要促进乡村教师发展

1. 创新乡村教师来源补充机制

在解决乡村教师的缺编问题上，在以"生师比"为主的基础上，引入"班师比""科师比"作为辅助配置方式。核算乡村教师编制时，在重点考虑学生数量的基础上，兼顾学科课程类别、学校类型特点、班级数量等因素，保障农村学校的师资需求。实施省级政府统筹乡村教师补充机制，拓展乡村教师补充渠道，建立乡村教师师资缺口与地方师范院校招生计划联动机制，探索在本科提前批次定向招录乡村教师定向师范生，增设两年制教育硕士专业，定向培养一专多能的乡村教师。

2. 健全中小学教师流动机制

深化教师队伍"县管校聘"管理改革经验，研究制定科学、有序、规范、公平的教师定期轮岗流程，让教师人才真正流动起来。实行学区内师资均衡配置制度，加强对学区内教师资源的统筹安排，统一招聘、分配、管理和培训学区内义务教育师资，探索实行教师"无校籍"管理，把"学校人"变为"系统人"，推进优秀教师和紧缺薄弱学科教师走教，实现学区优质资源共享。对长期在农村基层和艰苦边远地区工作的教师，在津贴补助、职称职务等方面予以政策倾斜，对贡献突出的予以奖励。研究表明，在教师流动上，近郊学校以及边远乡村学校对教师的吸引力是大相径庭的。综合考虑区域经济、文化特征、生活环境等众多因素，乡村教师会主动选择离城镇距离近、艰苦程度低的乡村学校。[41]因此在政策倾斜上要考虑乡村学校内部的差异性，这个差异性可通过明确乡村学校的艰苦指标和边远指标来划分。如艰苦程度可包括人均日生活用水量、日均通电时间、网络流量、特殊地理环境等；边远程度则通过到乡镇、县城的交通距离来计算。

3. 改进乡村教师培训模式

首先，乡村教师本身面对不同于城市教师的特性问题，包括学生少、地处边远、贫困落后等，需要针对这些特性问题采取针对性的适应行为，如全科教学、小班化教学等，因此在乡村教师专业发展的内容上要充分考虑这些现实的状况和需要。其次，除学科、教育类、实践性知识外，尊重乡村教师的本土知识如关于生产生活、历史文化、传统民俗、地理景观等，在提高乡村教师自我认同的同时，明确乡村教师的发展方向。此外，乡村教师因为地理、经济方面的原因，参与培训比较有限，因此以校本研修为载体的教师专

---

[41] 孙颖. 内部异质化的乡村教师队伍建设研究[J]. 中国教育学刊，2016(9)：82-85.

业发展、依托网络开展的跨地域的培训需要进一步实践和深入。

（六）建立资源配置的效果评估和问责机制

传统政治理论在分析国家行为时，常常将国家看作能代表社会的唯一决策主体，并且强调公共利益或国家利益大于个人利益，政府官员是"大公无私""克己奉公"的代表。但是，公共选择理论认为，人类的一切行为，既包括政治行为也包括经济行为，都应从个体、从人自身寻找原因。个体是组成群体的基本细胞，个体行为的集合构成了集体行为，研究个人行为才是研究群体行为的基础。在政治过程中，政治家、政府官员与在经济活动中的自然人一样，都是自身利益最大化的追求者。政府决策失误、机构膨胀、效率低下以及寻租行为等，都是政治家、政府官员的自利行为的后果在现实生活中的具体表现。政府官员追求自身效用最大化，例如，职位升迁、政治业绩，导致许多官员对义务教育资源的配置效率不关心，导致义务教育配置过程出现锦上添花而不是雪中送炭的怪象。建立资源配置绩效评估与问责机制，是实现资源效益的保障。

1. 建立科学合理的行政问责制度

目前，关于教育均衡方面的行政问责相对少见，很少看到有关政府官员因教育非均衡发展、城乡义务教育资源配置不公或配置效率低下而被看作是失职的行为。原因在于现有的行政问责制度缺少可操作性。《义务教育法》规定，国务院有关部门和地方各级人民政府，未履行对义务教育经费保障职责的，由国务院或者上级地方人民政府责令限期改正；情节严重的，对直接负责的主管人员和其他直接责任人员依法给予行政处分。但是该法律条款存在两个问题：一是问责的标准模糊。如规定达到"情节严重""重大事件"和"重大社会影响"，才要对责任主体进行处分，而具体达到什么程度才算是"情节严重""重大事件"和"重大社会影响"并没有界定，这便使教育行政问责机制具有一定的弹性，增加了行政问责的难度。二是问责的手段模糊。违反教育法律的行为主体，究竟承担什么样的责任，受到多大程度的惩罚，义务教育法并未做明确规定。这无疑会降低政府及其官员的违法成本和风险，同时也弱化了教育行政问责制度的刚性。由此可见，对于义务教育均衡发展，我国缺少科学、有效的教育行政问责制度，无法最大限度地约束政府及其官员配置义务教育资源的行为。

加大教育问责力度是很多国家规范中的一个重要举措。例如，美国的教育问责已形成了一套规范完备的制度和流程，包括确定问责目的，建立问责标准，寻找问责手段，公开报告绩效,提供专业支持,进行责任追究等。[42]

因此,建议制定完备的、具有可操作性的教育均衡发展行政问责制。明文约束、规范、引领政府教育投资行为,应明确问责标准,明确问责手段,提高违法成本。

2. 组建资源配置决策委员会

为了增加义务教育资源配置的科学性、合理性,可以组建义务教育资源配置决策委员会对政府配置义务教育资源的决策进行规范和约束。决策委员会成员不仅涉及教育资源直接受益者——学生家长、教师、校长,还涉及教育资源的配置主体——教育主管部门、政府相关部门。将义务教育资源的直接利益相关者纳入到义务教育资源配置方式的决策队伍中来,他们不会为了迎合官员自身利益而牺牲自己的既得利益。可以以投票、共同协商的方式决定义务教育资源的配置方式及其数量。其中,在决定义务教育资源配置方式的程序上可增加额外的权重,使决策结果变为多种因素合力作用下的使然,而不过多受政府及其官员自利行为左右,从程序上约束政府配置义务教育资源的行为,减少资源配置的随意性、自利性。[43]

3. 引入"义务教育均衡发展绩效评估"机制

当前,我国有对义务教育教育均衡结果的评估和督导机制,但是缺少年度资源投入对均衡所起的作用的过程性评估制度。原因是多方面的:其一,这一评估具有难度,实践领域缺少可以使用的评估工具;其二,没有将对义务教育均衡发展的促进作用作为官员绩效评估的指标。

建议建立义务教育均衡发展绩效评估机制。首先,将均衡发展作为政绩考核主要指标之一或与相关人员职务晋升直接挂钩,使其认识到优化义务教育资源配置、推动均衡发展所能给自己带来的收益,这样政府官员便会最大限度地优化义务教育资源配置、提高配置效率。其次,均衡配置义务教育资源,目的不是简单化地统一划分人、财、物,其最终目的是为了运用资源产生的效率、效益与效能,促进每一个学生的发展。因此,均衡配置资源对学生发展的作用也需要在绩效评估的指标内。最后,均衡配置资源不是形成办学特色的对立面,学校的特色办学情况也要体现在教育均衡发展绩效评估的指标上。

---

[42] 肖华.出台规定不如推动教育问责[J].宁夏教育,2011(2).
[43] 杨公安.县域内义务教育资源配置低效率问题研究——基于公共选择理论视角[D].西南大学,2012.

（七）以城乡教育一体化思路引领资源配置机制创新

长期以来，我国城乡分割的二元经济结构和教育制度，造成了义务教育发展中巨大的城乡差异。城乡教育一体化是要把城乡教育作为一个整体，统筹谋划、综合考虑，通过体制创新和政策调整，优化城乡教育资源配置，促进合理流动，最终实现城乡教育均衡、协调、可持续发展。[44]但城乡教育一体化不是简单趋同或者同一，不是把农村教育变成城市教育，而是"有差别的二元共存"，在空间上有差别，在地位上具有平等性，教育目的上具有同一性。[45]从问题形态上看，各种城乡教育一体化形式可以概括为："城市中心区与郊区""县镇与乡村"两种类型。[46]对于前者，教育质量结构在总体上表现出从中心区到近郊区再到远郊区圈层递减的空间分布格局，一体化就是要逐步打破这一教育资源的圈层分布现象；对于后者，呈现"乡村衰败"现象，把农村教育的发展方向定位在"城镇化"上。在推进教育城乡一体化的进程中，问题解决的关键在于体制机制创新和制度突破。

1. 教育管理重心上移，各级地方责任共担

2001年，国务院公布的《关于基础教育改革和发展的决定》中提出"国务院领导下，由地方政府负责，分级管理，以县为主"的教育管理体制。从教育管理体制变革的过程来看，教育权力在逐渐由中央向地方下放，但由于县级政府没有自身的税收基础，因此在把教育权力下放的过程中会遇到财政难题。"地方负责，省级统筹，以县为主"的教育管理制度，重心偏低，不可避免地把城乡经济发展程度与财力的差异带入到基础教育的发展中。须改革和完善"以县为主"的管理体制，将管理中心上移的同时，建立责任共担机制，统筹城乡教育。[47]

2. 就地城镇化为主导，统筹发展市县镇村教育

《国家新型城镇化规划（2014—2020年）》提出优化城镇规模结构，增强中心城市辐射带动功能，加快发展中小城市，有重点地发展小城镇，促进大中小城市和小城镇协调发展，建设各具特色的美丽乡村。苏州和成都作为中国东部和西部的中心城市，着力推进城乡义务教育均衡发展，形成不同的推进模式，率先在县域内实现了城乡义务教育基本均衡。它们统筹规划和管理中心城区、城郊地区和乡村地区的发展，促使中小城市和

---

[44] 张金英.城乡教育一体化的动力机制及战略研究[D].天津大学,2010.
[45] 苏刚.城乡教育一体化：从"二元对抗"走向"有差别的统一"[J].上海教育科研,2013(10):21-24.
[46] 邬志辉.城乡教育一体化：问题形态与制度突破[J].教育研究,2012(8):19-24.
[47] 苏刚.城乡教育一体化：从"二元对抗"走向"有差别的统一"[J].上海教育科研,2013(10):21-24.

重点镇发挥提高农村教育水准的职能,培养就地城镇化所需的人才和劳动力。苏州和成都结合城市和区(市)县域总体规划、重点镇和新型社区规划,合理确定不同类型与等级的教育公共服务设施空间服务范围,城区保证具有较高水平的完全中学,县城和重点镇集中布点功能完善的中学,一般新镇布局九年制学校,小学和幼儿园则依托农村新社区分散布局,实现中小学布局合理化、规模适度化,保障学校布局与村镇建设和学龄人口居住分布相适应。[48]

3. 建立城乡教育双向一体化制度,推进互动发展[49]

城镇化的快速推进,农村学龄人口的日益减少,地方政府对乡村教育关照力度的不断放缓,导致乡村学校大量被撤并,未撤并的乡村学校资源配置日益落后,进而出现农村生源和优秀教师的单向"趋城性流动"。要发展农村教育,必须推进城乡教育的双向一体化,就是在农村学校布局调整达到一定阶段后,通过破除城乡二元的教育体制和机制障碍,推动各类教育要素在城市和农村之间双向流动,实现城乡教育资源优化配置、教育要素合理流动和城乡教育互动发展。包括:①突破纯粹市场化的城乡教育要素流动机制,强化政府购买导向的城市教育反哺乡村的类市场化新机制。如国家实施的"农村特岗教师计划",上海浦东的"政府购买教育服务托管农村学校项目",推进优质资源向农村流动。②完善行政化、道德化的城市教育反哺农村的制度安排。类市场化机制还不够,需要同时启动行政的力量和唤醒道德的力量。政府制定相关政策法规,规范城市教育部门对农村教育的支持,如"城市教师晋升高级职称必须到农村学校任教一年以上""城区学校与农村学校结对成立教育共同体""城乡教师流动率不低于20%"等;通过宣传教育和制度建设,激发非政府组织、志愿者参与到农村教育振兴计划中。

---

[48] 王建.城乡一体化义务教育发展战略和机制——基于苏州和成都的实践模式研究[J].教育研究,2016(6):43-50.
[49] 邬志辉.城乡教育一体化:问题形态与制度突破[J].教育研究,2012(8):19-24.

第五章

多样：普通高中教育资源配置

资源配置是发展教育的重要手段,用好这个手段的关键在于提高针对性和使用效益。这在客观上要求不同发展阶段的教育应该有相应的资源观和配置思路。在较长一段时期内,普通高中因其隶属基础教育阶段但又不是义务教育的双重特征,资源配置由政府投入和家庭分担组合,政府投入以面上共性需求为主,侧重经费和物质资源配置。党的十八届五中全会做出普及高中教育的决定,普及既要有量的提升,又要有质的提高。而实际上,当前我国高中教育阶段毛入学率已经达到87%,量的矛盾并不突出,质的需求将更加强烈。单就普通高中来看,其普及将进入以质量提升和多样化发展为核心的新的时期。如何通过有效的资源配置,既确保统一和高标准的配置增强发展保障,又满足不同地区、不同学校的差异化需求从而促进分类多样发展,让资源适得其所?这是新时期普通高中资源配置急需研究的课题。

一、资源配置背景分析:正在走向普及、优质、多样的普通高中教育

(一)高中阶段教育的普及

普及高中阶段教育是十八届五中全会的重大战略决定,是党和国家对未来高中发展确定的方向指针。普及高中阶段教育,顺应了经济社会发展对劳动力素质乃至全民族素质提升的新需求,是我国实现教育现代化、全面建成小康社会的重要战略。

根据2015年教育部对各省中长期教育规划的中期评估情况,截至2014年底,我国高中教育阶段毛入学率已经达到86.5%。据预测,2020年之前,我国高中阶段教育毛入学率将达到90%以上,达到中等发达国家水平。

(二)高中质量的外延维度与内涵维度并存

未来一段时期内,左右我国高中教育发展水平的因素,一个是普及,在校生规模将随高中生源低谷期收尾而扩大;另一个是高考改革和综合素质评价,教育过程将随改革的深化而产生缓慢而持久的变化。决定我国高中教育质量的维度,一个是外延维度,主要指教育机会提供、资源与条件配置,其核心是确保每一个学生能够享受公平、便利、均等的高中教育基本公共服务;另一个是内涵维度,这是关于培养什么样的人和怎么培养人的维度。

建议各地区坚持普通高中和中等职业教育并重,促进普职协调发展;坚持规模与质量并重,实现高水平普及;坚持改善条件与完善机制并重,保障可持续发展。建立对地方政府发展高中教育工作的评估机制;实施重大工程项目,加大对中西部贫困地区的支

持力度;健全经费投入机制,制定生均经费拨款标准,妥善化解普通高中债务;创新人才培养模式,提高教育质量。

(三) 普通高中分类多样发展已成常态

高校招生录取方式多样化、生源需求多样化、家庭选择多样化,高中教育正在改变固有的分层加工的定势与惯性,逐步迈向分类培养。政府推进学校发展的方式已经转型,从分层递进的单一上升通道、固化的单一国家课程、坚不可摧的单一升学模式,转向多通道交叉、多样课程选择以及多种方式升学的模式。因此,教育行政部门应调整教育质量的评估指标,注重高中的分类布局,引导不同类型的高中校实现可持续发展,呈现区域高中教育多样性。学校应从旧有的单线分数竞争的思路中解脱出来,反思并重构办学定位,结合学校办学基础、时代对人才的需求以及教育理想,铸造办学特色,培育学有特长的高中毕业生。

二、资源配置面临的挑战

过去 6 年,我国普通高中教育实现了规模、速度、质量、效益的协调发展,推动高中阶段教育普及化,并为以多样化为特征的改革奠定了基础。但从进一步普及高中教育、实现高中分类多样发展的长远目标来看,现存问题,如城乡区域发展不平衡,中西部贫困地区教育资源短缺;可持续发展的保障机制尚不健全,财政投入不足;办学模式趋同,人才培养模式相对单一等,亟需通过进一步优化资源配置的途径来解决。目前我国普通高中教育所面临的主要资源配置挑战表现在以下几个方面。

(一) 资源需求更加多样

资源配置面临地区差异、校际差异而形成的多种需求的挑战。加大教育投入、丰富教育资源是普遍需求,但我国东中西部总体发展水平的差异客观上导致了教育资源需求的多样性。东部发达地区在学校办学条件上已经基本达到标准化要求,像北京、上海这两个城市基本在各项办学条件上均领先全国,如生均图书册数(均超过 75 本/生)和生均计算机台数(基本实现至少 2 人一台)远超其他地区。[1] 东部发达地区,尤其是发达城市,更需要通过政策性资源供给来深化高考改革、加速普通高中从分层走向分类、

---

[1] 教育部. 普通高中办学条件(二)(总计)[EB/OL]. http://www.moe.edu.cn/s78/A03/moe_560/jytjsj_2014/2014_gd/201509/t20150907_206058.html.

做强走班选课的资源支持和师资保障等。而中西部地区目前的主要矛盾仍集中在硬件设施上,如最新统计数据表明,甘肃、云南两地的危房占校舍面积的比率居高不下,分别为18.1%和13.6%,而其他各省,除贵州、江西两省在2.5%之上以外,均在2.5%以下。[2] 中西部的县镇级高中成为大班额的主要集中地。全国普通高中平均班额为55.8人,其中大班额班级(56人及以上)的比例为47.8%,超大班额班级(66人及以上)的比例为17.4%。有16个省份的普通高中大班额比例超过50%,其中河南高达78%。[3] 因此,中西部地区目前尤其要通过提高标准、加强标准化建设来增强教育的基础性条件、扩大普及入学的机会。

校际差异也不容忽视。从中华人民共和国成立以来,效率优先一直贯穿于普通高中资源配置的政策与实践之中。20世纪50年代,我国建立起重点中学制度,基本确立了普通高中分层分级体制。改革开放之初,在百废待兴的局面下,为了"早出人才、多出人才",优先扶持少数优质高中发展的重点中学制度重新得以确立和强化。全国各地都相继遴选出各级重点中学(如国家级、省级、地市级等),并根据不同等级,确立相应的人、财、物等资源配置标准。90年代中期以来,重点中学制度虽然被示范性高中制度所取代,但是由于示范性高中在评估标准上侧重硬件设施的配置,而大部分示范性高中都来自传统的重点中学,教育资源仍集中被投放在少数优质高中。除重点校政策之外,长期依赖单一的分数和升学率导向的学校考评机制也进一步拉大了学校之间的差距,引发了严重的生源畸形分布问题,增加了资源配置的难度。[4,5]

区域差异和校际差异导致资源需求多元化,如何既基于标准,又能实现积极的差异化供给?这是一大挑战。

(二)资源筹备面临两难境地

国家已经明确,将逐步普及免费高中教育。高中免费后需要大量的人财物资源和政策资源的配置,更需要中央和地方在资源配置上的高度整合,从而做到高投入、高保障和高均衡。但普及并不等于将高中教育纳入义务教育范畴,家庭和学生拥有选择的自由,因而高中教育规模和巩固率仍是未知数,对资源的需求也存在变数。

城镇化、异地高考、异地中考等现象加剧了生源分布的不确定性,学校布局面临挑

---

[2] 教育部.普通高中办学条件(一)(总计)[EB/OL]. http://www.moe.edu.cn/s78/A03/moe_560/jytjsj_2014/2014_gd/201509/t20150908_206245.html.

[3] 齐林泉.如何有质量高水平地普及高中教育[N].中国教育报,2016-03-17.

[4] 纪秀君,高毅哲,柯进等.中西部农村高中发展现状调查[EB/OL]. http://www.jyb.cn/basc/sd/201212/t20121218_521787.html;http://www.jyb.cn/basc/sd/201212/t20121219_521842.html.

[5] 李国伟.中西部农村高中多样化发展面临的挑战及对策[J].教育探索,2014(1):85-87.

战。城镇化是我国社会发展的总体趋势,与城镇化相关的人口分布变化提升了资源配置的难度。研究表明,每提高1个百分点的城镇化率,就意味着每年有1 000多万农村人进入城市。《国家新型城镇化规划(2014—2020年)》指出,我国当前正处于城镇化率30%~70%的快速发展区间。从现在到2030年是我国城镇化的快速发展期,预计到2030年的时候,我国的城镇化率将接近70%。快速城镇化进程的一个直接后果是大量农村学龄儿童涌入城镇,农村学龄人口进一步减少是大趋势。受教育人口的迁徙必然导致教育空间布局的变化,"城区挤,农村空"这一现象不可避免。异地高考、异地中考、积分制入学等形成"读书移民",进一步加剧了生源分布的不确定性。

以"单独二孩"政策为主的人口生育政策调整可能释放的生育活力不可轻视,但难以精确统计和评估。据新华网北京2016年10月30日消息,当年我国公民的生育登记申请数量明显增加,出生人数呈明显增长势头,上半年全国出生人口831万人,同比增长6.9%;两孩出生比重为44.6%,与2015年相比,上升了6.7个百分点。[6] 不过同时也有调查指出,计划二胎量和实际出生婴儿数之间尚有不少差异,但可以肯定的是,"单独二孩"政策必然增加入学人数。

(三)多种配置主体关系需要进一步理顺

当前,普通高中资源配置主体正在从单一走向多元,但是政府、学校与民间之间的关系有待理顺。

中华人民共和国成立之前,公立普通高中与私立普通高中无论在数量、规模还是品质上都大致相当。中华人民共和国成立之后,私立普通高中逐步萎缩,公立普通高中占绝大部分比例,政府作为普通高中资源配置的主体,承担了重要的职责。政府对资源的配置,体现在对人、财、物等资源的统筹配置和安排。在很长一段时间内,政府投入是普通高中资源供给的唯一来源,政府投入的不平衡问题直接导致了普通高中在办学条件上区域性差异较大这一现象凸显。[7]

改革开放之后,特别是进入20世纪90年代,伴随教育体制机制改革的深化,一批民办普通高中开始兴起。民间资本开始进入普通高中资源的供给和配置之中。一些区域内的优质公办高中也开始利用自身实力兴办民办校。

21世纪以来,我国普通高中迎来了快速普及化发展时期,普通高中事业规模快速扩

---

[6] 生育意愿分化明显多项配套亟需完善——全面两孩放开一年追踪[EB/OL]. http://news.xinhuanet.com/local/2016-10/30/c_1119814503.htm.
[7] 张珊珊,汪明. 经费保障内涵提升规范办学——寻求突破:普通高中发展亟待解决三大问题[J]. 中小学管理,2015(3):18-20.

张。本轮普通高中事业规模的快速扩张通过扩大传统优质高中办学规模为主要抓手来实现。政府提供优惠政策,优质高中向银行借贷,投资硬件设施,扩大学额,并通过收取学费和择校费进行还贷。在某种意义上,这些学校也成为资源配置的主体。

当前,虽然少部分优质高中在资源配置中发挥了积极的作用,但优质公办高中兴办民办学校,面临法律和体制方面的质疑,需要给予进一步的明确和规范;举债扩大办学规模的公办高中,依靠收取学费和择校费进行还贷,需承担巨大的债务风险和还贷压力。

但是目前我国参与普通高中资源配置中的民间力量,营利性动机比较明显,这与英美等发达国家非营利性民间力量的积极参与形成了鲜明对比。这也可能是造成纯粹民办的普通高中在现有的普通高中体系中处于相对边缘化位置的原因之一。

三、国内普通高中资源配置的有益探索与经验

(一) 项目带动资源,激活和满足普通高中多样化发展需求

以专门项目的方式调整资源配置,引领和激活学校独特需求,促进普通高中多样化特色发展。上海陆续推出了特色高中、创新素养培育、创新实验室建设等多个项目的组合拳,以富含经费、专业支持和硬件支持的多种资源项目引领高中发展。

1. 导向特色创建的资源配置:特色高中项目

特色普通高中建设是贯彻落实《国家中长期教育改革和发展规划纲要(2010—2020年)》和《上海市中长期教育改革和发展规划纲要(2010—2020年)》精神的要求,也是深化普通高中育人模式改革、促进学生全面而有个性发展的内在需要。经过2年的调研酝酿,2012年上海市特色普通高中建设与评估项目正式启动,希望能够打破普通高中同质化办学的局面,在学校发展道路和育人模式上实现转型,为促进高中教育从分层走向分类打下基础。这个项目确立"以深化课程教学改革为主要抓手,着力构建富有特色的学校课程体系以及相应的运行和管理机制,促进学生全面而有个性地发展,推动高中学校错位发展、特色发展和可持续发展,逐步形成全市普通高中教育'百花齐放'的发展格局,促进高中教育从分层教育逐步向分类教育转型"的总战略定位;希望"通过上海市特色普通高中建设,在全市建成一批课程特色遍及人文、社科、理工、艺体等多个领域,布局相对合理,有效满足学生多样化学习需求的特色普通高中,并发挥示范引领作用,成为各特色领域的课程建设高地和教师研训基地,推动本市高中特色课程资源的辐射共

享";所以实施策略上强调"项目孵化、滚动推进;分类指导、分阶提升";对于建设的机制则强调"学校自主规划、区县推荐支持、项目滚动指导、探索分阶管理"。

上海成立了专门的项目组以推进项目的发展。上海这项改革采取项目引领的方式推进,依托项目统合行政推动、研究支持和实践探索,三位一体。项目方案的特点之一,在于肯定学校特色创建是一个发展性的过程,项目组依次把特色成长初步分成特色项目、办学特色和特色学校三个阶段,这种划分目的是鼓励每一所学校主动申报成为项目学校,让每一所学校看到希望,找到最近发展区。

在支持系统上,上海组织专业力量加强专业支持,如依托上海市教育科学研究院普教所成立专家项目组,负责项目前期研究、项目学校指导、经验与个案总结以及展示推广策划等;在经费上,依学校申请,每年每所项目学校有近100万元左右的经费支持;在资源上,上海借助正在推进的"创新实验室"项目,由项目学校根据特色创建与课程实施的具体需求申报实验室立项项目,上海市教委根据实验室的实际经费需求评估决定理想与否;除了这些资源支持,上海还非常注重政策杠杆的调节,对于通过评估被命名的特色高中,在招生和师资配置比例上与上海市实验性示范性高中同等对待。总的来讲,上海注重在横向上引导学校积极创建资源平台,培育特色办学联合体。资源平台是特色高中建设的重要支撑,教育行政部门可以整合高校、科研院所、青少年活动中心、社会中介资源,通过项目合作、购买服务等多种途径创建公共资源平台,扩大学校特色办学的资源空间。

不过,需要特别指出的是,要获得这种支持待遇,学校必须主动申报为项目研究学校,进而在项目专家组的支持引导下进行创建过程的展开与改进,举行公开展示活动,最终申报评估。

2. 促进优质高中新改革与新示范的资源配置:创新素养培育项目

《国家中长期教育改革和发展规划纲要(2010—2020年)》的一个最重要的精神就是人才培养体制的改革,即从以应试为主的人才培养模式转变为创新培养模式,其核心就是创新人才的培养。为了深入贯彻纲要精神,探索学生创新素养培育的途径与方法,不少地区均设立了与此相关的教育项目。

以浙江宁波所开展的"宁波市普通高中学生创新素养培育实验项目"为例,该项目采取学校自愿报名,专家评审的方式确定一部分有条件的学校,先期开展此项实验。为监督项目的实施情况,宁波设立了"宁波市普通高中学生创新素养培育实验项目"领导小组和项目管理办公室(以下简称"项目办",设在市教育局基础教育处),以项目管理方式对实验项目实施单位进行常规管理和年检。通过定期组织项目实施单位的汇报、展示等活动,向其他学校介绍项目进展情况,促进课程和实验资源的共享,起到交流、评价、辐射等作用。同时项目实行一年一评,由项目办组织专家对实施单位进行评估,对实验方案成熟、实验取得良好效果的单位,将进一步在实验政策等方面给予支持。对实验没有达到预期要求、年检和项目评估有问题的单位给予指导,督促改进。对没有按计划开展实验、年检和项目评估不合格的单位,取消其实验资格。

再以上海市教委设定高中生创新素养培育项目为例。2010年,教育部正式批准上海开展"探索建立拔尖创新人才培养基地"试验项目。该项目主要由上海中学、华东师大二附中、复旦附中以及上海交大附中4所学校承担研究任务。当然,创新不是少数学生的专利,在4所学校开展实践研究的同时,2010年上海还启动了"普通高中学生创新素养培育"实验项目,有3个区和26所市实验性示范性高中主动参与。

此项目也是在一般公共教育服务基础上推出的意在鼓励学校个性化发展的服务项目,重点在于推进市级示范性高中的进一步改革。

项目认为创新素养是每一个高中生所需要具备的素养,如执着(成熟)的兴趣爱好、明晰的创新意识、深刻的思维品质、宽厚的知识基础、顽强的意志和毅力、设计实践能力、高尚的思想境界、强健的体魄等。项目的研究重点,一是探索人才选拔模式改革。试点学校采用专家答辩、小组合作、特长展示等多种形式选拔人才;二是探索课程设置模式改革,鼓励学校构建有特色和针对性的课程体系,满足学生不同的学习需求;三是探索广泛利用各种社会资源的渠道和机制,丰富学生的学习、实践和探索研究的经历;四是探索建立高中和大学(科研院所)合作培养拔尖人才的合作与运行机制;五是探索学生以创新素养为核心的综合评价改革。通过记录学生丰富的学习经历,积累学生成长记录,研究创新拔尖人才在高中阶段的表现特征和有针对性的评价方法。

项目通过行政部门、科研院所和试点学校三结合,依托行政部门的政策资源、科研院所的专业支持,鼓励试点学校结合本校、本地实际情况,探索适合的运行模式,形成多样化的推进机制,出现了专设试验班模式、全体与部分学生相结合的金字塔模式、校际联动模式以及区域推进模式。而课程是创新素养培育的根基,上海涌现了多种形式的课程架构和实施的典型,如加速型、丰富型、专设型以及混合型等。

对于这个项目的资源配置,上海坚持项目引领、资源配置相结合的模式。在政策供给上,招生大政策保持不变(上海中学先行先试,是唯一的有一定招生政策微调的学校),但允许学校在自主招生环节探索多种有助于学生创新潜质发现的举措方式;师资配置不变,但鼓励和支持学校积极开发和利用校外各类专业人士资源,市教委提供支持;经费支持加大,针对项目列出专门经费,用以弥补学校开展相关研究、聘请校外专业力量等支出;办学硬件条件资源支持力度加大,针对创新课程实施的需要,支持学校创建创新实验室等场馆设施。当然,所有这些资源的获得,学校必须通过项目申报立项方式实现。

(二) 基于常住人口和公平效益的配置:城区优质高中郊区办学

近年来,上海市中心城区人口向城郊接合部导入、农民向城郊接合部集镇集中、外来人口向城郊接合部导入,导致城乡接合部教育资源相对紧张。从2011学年开始,郊区中小幼学生数占全市中小幼学生总数的70%以上,而郊区中小幼学校数占全市学校总数的比例却不足65%。所以如何实现教育资源的配置与常住人口分布相适应,基本形成比较完善的市、区两级教育资源均衡配置机制,基本形成基础教育转型发展的良好局面,成为上海教育的一大挑战。

在这个过程中,普通高中优质学校布局与人口分布的反差尤其强烈。由于历史原因,上海优质高中大多数集中在中心城区,以56所上海市实验性示范性高中为例,郊区只占1/3不到,但是郊区的高中生源基数则超过一半以上。虽然这些高中均可以全市招生,但是由于路程距离、家长观念、区域保护等惯性思维和做法,造成郊区生源选择报考学校余地小、郊区高中生源大班额足,城区学校则与此相反,客观上造成了资源供给不均衡、机会供给不均衡,不利于城乡一体化发展。

推动优质高中辐射郊区成为上海高中资源配置的一大调整方向。2009年,地处原卢湾区的向明中学在闵行区浦江镇创办向明中学浦江分校,上海中学到原南汇区临港新城办上海中学东校。2012年秋季,上海交大附中嘉定分校和华东师大二附中紫竹校区也双双开办。2014年9月,复旦附中、格致中学分别在青浦淀山湖新城、奉贤南桥新城开办分校。上海市教委进一步健全总校与分校的联动考核机制,推动优质高中资源有效辐射郊区农村。

市区优质普通高中学校迁建、改建或举办分校,使得优质教育资源扩容,扩大了向郊区农村地区的辐射,惠及了更多的家庭和学生,有力地促进和保障了教育公平。其经验在于,在省级或地市级地方政府的统筹下,建立优质普通高中教育资源跨区流动的协商机制,输出方确保优质资源真正进入输入地并在生源上提供适度倾斜,而输入地区在土地、校舍、编制、人事和经费投入上提供必要的支持,双方通过协商机制实现教育资源的合理流动和公共获益。

(三) 均衡主导控制差距:甘肃城镇化进程中教育资源配置

高中教育资源配置是否到位,是否能够保证一所高中正常办学所必需的人力、物力和财力,以及是否能够合理运用现有人力、物力和财力,这些问题均会对一个地区高中的教育质量产生影响。甘肃高中教育目前来看突出问题有以下两点：一是"举债办学"现象突出。学校之前欠下的巨额债务无法消解，无力进一步提升办学条件。二是师资队伍结构性失衡。这一方面体现在质量上，师资队伍中存在一批年龄偏大、知识体系老化、教学方法跟不上形势发展的教师。另一方面是诸如音体美、地理、生物等科目的教师比较稀缺。

上述两个问题尚未得到解决，但是在现有的条件下，甘肃的高中教育仍取得了一些成绩：①城乡高中发展相对均衡。调研结果显示，甘肃地区的高中发展相对来讲比较均衡，如会宁地区全县 5 所高中能够同步发展，建设规模也大致相同，城乡高中学校资源均衡配置，唯一的差距在于生源的差距。②基本消除大班额现象。如无特殊情况，甘肃地区的高中学生由当地教育局下达指标，统一招收管辖范围内初三应届优秀毕业生，高中班额（每班 50 人左右）由教育局下达，各校保持一致，学校无权自行招收学生，同时城乡班额无差异。③深化高中素质教育。甘肃比较重视素质教育发展，所调查的定西市安定区、白银市会宁县和平川区均表示当地素质教育发展较好，不存在某些地区的全封闭式教学的现象，学生在校期间能够得到较为全面的发展。学生虽然总体在校时间比较长，但是其中包含了两次做操时间和一次社团活动时间。④帮扶弱势群体。经调查，由于高中学费标准不高和国家助学金辐射面广、资金充足，甘肃地区的高中生上学并没有太大的经济负担。

（四）学校优质化：台湾高中普及时代资源配置与薄弱高中提升

2007 年，台湾教育主管部门正式提出《高中优质化辅助方案》（以下简称《方案》），该方案的核心主旨是通过政府的靶向资助，推动普通高中学校全面优质与特色发展。

此方案的背景是：1994 年台湾广设高中，扩大普通高中教育，普及高中阶段教育。至 2012 学年度，高中教育普及化完全实现。但由于教育内部差异太大，台湾高中入学的竞争激烈程度依然严重，家长和学生竞相追逐少数所谓的"明星高中"。因此，缩小学校之间的差异，扶持和发展一般的普通高中，使之成为优质高中，进而让学生能够就近入学，就成为台湾地区高中教育后普及时代的发展战略。变革资源配置方式成为这一战略的重要手段。

该方案优先考虑跨招生区或跨县（市）就读情形严重地区的学校为资助对象，审定区域内高中加以重点辅助，以平衡高中的教育发展，促进各区域高中优质化。入围的大部分高中都是当地的普通高中，而非传统的明星高中。方案希望通过对这些普通高中的引导和资助，帮助这些学校优化管理、开发课程、精进教学、培育特色、提升对所在社区初中生的吸引力，让更多的初中生选择就近入学，而非跨区域择校。

在价值取向上,台湾高中优质化辅导政策包含四项基本目标:①促发高中学校团队精进能量,协助各高中优质化及特色发展;②落实高中适性扬才的教育目的,培养学生核心素养;③强化特色领航学校之标杆角色,带动区域高中教育质量的提升;④均衡各地高中教育发展,提高初中毕业生就近入学及免试入学比率,稳固推动十二年公民基本教育。[8]

在资源配置与管理策略上,方案主张持续、连贯与递进。

一是环环相扣、层层递进的期程管理。台湾在推进高中优质化辅导计划时,设定了三个期程。从2007学年度起为第一期程,定位于基础发展阶段,核定约30多所高中。2010学年度起为第二期程,定位于焦点创新阶段,特别规定凡第一期程受辅助届满三年的学校,经成果考核绩优者,可申请进入第二期程,经审查后给予第二期程的辅助。2013学年度起为第三期程,定位于特色领航阶段,受辅助学校多源自第二期程考核绩优者。

二是立体化、陪伴式的期程内过程管理。在每个期程内,台湾建立起了较为完整的过程管理链条,包括申请与审核、学校自主管理与校际经验交流、专家咨询辅导和绩效检核。特别应指出,台湾教育主管部门为参与高中优质化辅导计划的学校配置了较为完备的专家咨询辅导资源。主管部门对咨询辅导的角色做了明确的规定:"专业协助者,根据本方案之原则,协助学校推动经营计划、改善现况及发展学校特色;多向沟通之引导者,咨询辅导委员可帮助学校进行内部沟通,鼓励学校主动提问,借由咨询与辅导之功能,使学校有机会听取外界意见,进行组织沟通,建立或调整办学观念,着眼于发展策略及加强执行力,达成推动优质化之共识;伙伴对话者,咨询辅导委员系提供专业协助,并非扮演考核或绩效评鉴之角色。"

三是全方位、规划驱动的学校整体变革。台湾教育主管部门要求,学校要申请获得高中优质化发展辅导,需要提交学校经营计划书。学校经营计划书类似大陆的学校发展规划。学校经营计划书包括如下部分:现况分析与诊断(含近三年办学成效);学校发展目标;主要具体作为。特别需要指出的是,教育主管部门在学生学习部分,特别要求学校关注学生多元能力与核心素养的培养。

四、政策建议

(一) 科学定位资源配置的价值取向与策略

资源配置要立足高中发展的现状和趋势,借鉴公共治理的理念,继续建立起"标准

---

[8] 台湾教育主管部门. 高中优质化辅助方案. [EB/OL]. http://12basic.edu.tw.

为本、需求引领、内涵导向、形成生态"的价值取向和总的思路。在这个定位下,明确几大主要策略和抓手:①标准更新和提高。校舍建设、经费标准、师资配置建立更高标准;建立新的软资源及其配置标准,为实现更高水平的现代化奠基。②区域照应。资源配置的约束性与引导性结合,包括不同地区、城乡之间资源配置的约束性与引导性。③学校特色培育:对学校采取基于标准后的积极差别化配置,重在满足学校内涵发展的独特需求,培育特色。

(二)建立政府主导的多主体参与配置机制

高中是非义务教育,走向普及依然面临较大的资源缺口,让多种主体参与资源配置是值得实施的路径。目前我国高中教育已经实现了"有学上",现在处于"上好学"的新阶段,新的阶段对教育提出的要求是实现优质的教育公平。在这种形势下,资源配置机制上需要加以系统设计。要以政府为主导,立法立政,实现项目引导式配置。这是世界发达国家的普遍共识与做法。

其次需要建立区域间政府协调机制。区域间优质教育资源配置的均衡不仅对学校、教师和学生的发展意义重大,而且有助于区域教育的整体发展。因此建立区域间政府协调机制将有助于协调发展区域教育。上海为了加强城乡统筹规划,采取了加大郊区学校建设的投入力度、提升郊区师资水平以及推进优质教育资源向郊区辐射等措施,促进了郊区教育事业的发展,加快了城乡教育一体化的进程。当然,社会参与的机制尤其重要。我们应打破狭隘的二元主体的观念——政府和市场,探索一种新的机制以减少在教育资源配置过程中教育不公平现象的发生,那就是纳入社会参与的机制。

(三)建立多形式组合、互为补充的配置模式

教育资源的投入相对于教育发展本身的需求来说是有限的,因而提高教育资源配置的效率有助于减轻这种有限性对教育发展的约束,把基于标准的配置、基于政策的统一配置、按照政府层级划拨的配置以及扁平化的配置等方式结合起来,形成一种有机组合、互为补充的配置模式,将有助于提高教育资源配置的效率。

基于标准和基于政策的统一配置,有助于使所有同类学校的办学条件相互接近、处于同等水平,克服因办学条件不利而导致的校际差异。按照政府层级的分级配置可以使教育资源的配置具有较强的综合性、引导性、竞争性,有助于调动下一层级配置主体的积极性。分级配置要基于对教育资源的时效性、重要性以及稀缺性等指标做出综合评价,将评价的结果作为教育资源的分级的依据。当然分级配置在效率上有一定缺陷,在配置主体和消耗主体(主要是学校)之间直接配送的扁平化的配置,可以弥补这个缺

陷。扁平化配置是针对具体学校而言的,对于一些特殊学校,可以采用扁平化式的资源配置方式,使得教育资源可以直接到达最终受益学校,这样做可以简化教育资源配置的过程,缩短时间,实现资源"零在途"。扁平化式配置与校内二次配置机制要求学校建立资源绩效分析报告制度,使教育资源的来源和使用透明化,清晰地展现学校获得和使用政府教育资源的全过程。学校可将资源绩效分析报告通过张贴、登报、上新闻等各种形式予以公布,这一方面可以让学校接受全社会的监督,另一方面也使各媒体和社会公众参与其中。

不同的配置方式各有优势,应当建立其互为补充的机制,动态调控,有机结合,将对教育资源配置效率的提高大有裨益。

(四)加强经费投入力度和杠杆效应

经费是重要的配置资源,也是高质量普及高中教育的主要保障。事实上,我国高中阶段教育面临严峻的公共财政缺失问题,全国绝大多数省份尚未出台普通高中生均公用经费最低拨款标准。部分地区高中学费多年未变(如河北曾16年未变)且学费标准偏低,使得学校公用经费难以得到保证。与此同时,民间资本投资普通高中的意愿不强,导致高中教育经费的社会投入比例小,大班额现象、欠债现象等就不可避免地存在。[9]

当前经费需求差异性极大,要想发挥好经费的杠杆作用,则需要分类、多样的经费项目和配置方式。如建立着眼于激励的区域或学校竞争性拨款。美国所颁布的"力争上游"(Race to the Top)政策鼓励各州参与竞争,采用竞争性拨款代替之前《初等和中等教育法案》(Elementary and Secondary Education Act)中所规定的公式拨款(Formula Grant Programs),让各州通过竞争获取教育经费,通过竞争提高教育质量。再如提高着眼于硬件的工具性拨款标准,保障学校在教育教学过程中不可或缺的硬件设施,如实验室、图书馆、操场等,以及建立基于高标准的充足和专门性拨款机制等。以香港为例,为优化高中课程的推行,以及加强生涯规划教育与相关辅导服务,政府2016年施政纲领中就将两项经常性津贴包括"高中课程支援津贴"及"生涯规划津贴"转为常额教席,可提供约1 000个教师职位。

(五)引入基于办学绩效改进的薄弱学校资源配置机制

这种导向则是考虑到不同学校对教育资源的需求不一致,政府在配置教育资源时

---

[9] 齐林泉. 如何有质量高水平地普及高中教育[N]. 中国教育报,2016-03-17.

应遵守"雪中送炭"的原则而非"锦上添花"。所以资源配置的重点应放在改造薄弱学校,建立基于办学绩效改进的薄弱高中资源配置模式上,使薄弱学校获得充足的用以发展的教育资源,逐渐实现高中教育和教育资源配置的均衡化。如实施着眼于均衡的补偿型拨款。目前我国在教育资源配置的取向上已经对弱势群体给予了越来越多的关注,但是这还不足以帮助他们走出困境,因此在教育资源配置政策设计上还应纳入弱势教育的基础和存量,并尽量弥补弱势群体在教育改革和发展中所遭受的损害。[10]

---

[10] 许丽英.教育资源配置理论研究——缩小教育差距的政策转向[D].东北师范大学,2007.

第六章

匹配：中等职业教育资源配置

2014年,《国务院加快发展现代职业教育的决定》明确要求"各地要统筹做好中等职业学校和普通高中招生工作,落实好职普招生大体相当的要求,加快普及高中阶段教育。鼓励优质学校通过兼并、托管、合作办学等形式,整合办学资源,优化中等职业教育布局结构"。为贯彻落实全国职业教育工作会议精神和国务院决定,受教育部职成教司委托,上海市教育科学研究院职业教育与成人教育研究所承担我国中等职业教育资源配置专题研究,提出新形势下中等职业教育资源配置应与中央"加快发展现代职业教育"和"加快发展高中阶段教育"的宏观政策导向相匹配。

一、当前中等职业教育资源配置的背景及价值取向

(一) 当前中等职业教育资源配置的背景分析

当前,中国已成为世界第二大经济体。面对经济社会发展新要求,面对政府职能转变新挑战,要求职业教育牢牢把握服务发展、促进就业的办学方向,主动适应新常态,对布局结构进行优化调整,为中国经济体长期保持中高速增长,迈向中高端水平,提供持续、稳定、高素质、大规模的技术技能人才支撑。

1. 经济发展进入新常态,要求宏观调控"树立危机应对和风险管控意识",做到"宏观政策要稳、微观政策要活、社会政策要托底"

2015年7月30日,中共中央政治局召开会议,分析研究当前经济形势和经济工作,指出:"我国经济正处于'三期叠加'的特定阶段,经济发展步入新常态。既要保持战略定力,持之以恒推动经济结构战略性调整;又要树立危机应对和风险管控意识,及时发现和果断处理可能发生的各类矛盾和风险。"

会议要求:"主动适应经济发展新常态,坚持稳中求进工作总基调,坚持以提高经济发展质量和效益为中心,坚持宏观政策要稳、微观政策要活、社会政策要托底的总体思路,保持宏观政策连续性和稳定性",同时要"高度重视防范和化解系统性风险,大力推进改革开放,保持稳增长、促改革、调结构、惠民生、防风险综合平衡,调动各方面积极性,狠抓工作落实,保持经济运行在合理区间,促进经济持续健康发展和社会大局稳定"。

2. 协调推进"四个全面"战略布局,要求政府部门坚持问题导向、依法行政、放管结合,促进职能转变

全面建成小康社会、全面深化改革、全面依法治国、全面从严治党的战略布局,确立

了新形势下党和国家各项工作的战略目标和战略举措,要按照"三严三实"要求做好中职布局调整等工作。

一要坚持问题导向,找准问题、深入分析判断发展趋向、基本特征和各方面影响,提高政策质量和可操作性;二要坚持依法行政,审慎用权,精准发力,扎扎实实把事情办好;三要简政放权、放管结合,贯彻落实《教育部关于深入推进教育管办评分离促进政府职能转变的若干意见》,健全依法、科学、民主决策机制,完善规划的实施机制,增强规划的前瞻性、战略性和约束力,构建政府、学校、社会之间新型关系。

3. 加快发展现代职业教育,要求坚持"政府推动、市场引导""加强统筹、分类指导"等原则,推动公办与民办职业教育共同发展

2014年出台的《国务院关于加快发展现代职业教育的决定》提出"到2020年,形成适应发展需求、产教深度融合、中职高职衔接、职业教育与普通教育相互沟通,体现终身教育理念,具有中国特色、世界水平的现代职业教育体系"的目标任务,以及"政府推动、市场引导"和"加强统筹、分类指导"等基本原则。

文件要求"发挥好政府保基本、促公平作用,着力营造制度环境、制定发展规划、改善基本办学条件、加强规范管理和监督指导等。充分发挥市场机制作用,引导社会力量参与办学,扩大优质教育资源,激发学校发展活力,促进职业教育与社会需求紧密对接"。同时要求要"坚持学校教育和职业培训并举。强化省级人民政府统筹和部门协调配合,加强行业部门对本部门、本行业职业教育的指导。推动公办与民办职业教育共同发展"。

(二)当前中等职业教育资源配置面临的形势

当前,受出生人口下降因素影响,我国包括职业教育在内的各级各类教育都正面临一系列新情况、新趋势。与上一轮中职布局调整所处环境相比,新一轮调整既有相近相似的问题,也有新的挑战和机遇。

1. 受出生人口下降等因素影响,中职生源萎缩将在今后较长时期里,成为影响职业教育发展的重要外部约束因素

数据显示,与1999年相似的情况是,中等职业学校的招生规模开始从高位下落。自1987年起,我国出生人口从2 550万的峰值开始下降,到2003年起大致稳定在1 600万水平,下降了将近四成。

与上一轮中职布局调整相似,自2010年起,中职学校招生从870万的峰值开始下落，2014 年跌至 620 万（低于当年普通高校本专科招生数 720 万）。1999 年中职布局调整出台前后，中职学校招生规模同样从 1998 年的峰值 530 万下落到 2000 年的低谷 387 万。

相比而言，普通高中招生自 2004 年突破 800 万（821 万），至今一直稳定在 800 万左右，招生优势明显。

2. 受招生下降影响，目前在教育部门管理的中职学校中（不含技工学校），不少学校出现了在校生为 0 的情况

教育主管部门提供数据显示，有不少省份各有一定数量的中职学校在校生为 0。这些省份包括：河北、河南、山西、云南、江西、湖南、黑龙江、安徽、山东和吉林等地。

3. 受出生人口下降影响，我国新增劳动力少于退休人口将成为常态，职业教育的需求将发生重大变化

人口普查数据显示，"十三五"期间，每年的退休人员数量从 2016 年起突破 1 500 万，而每年进入劳动力市场的新增劳动力人口数量则小于退出人口数量。数据显示，我国自"九五"至"十一五"期间，每一个"五年计划"都面临着新增劳动力供给大于需求的巨大压力。

进入"十二五"以来，我国劳动力市场的新增劳动力与退休人口的数量之间趋于平衡（这在一定程度上解释了当前职业教育较高的"就业率"）。而需要引起重视的是：在即将到来的"十三五"和"十四五"期间，新增劳动力供给将远远小于退休人口。

这一变化显示，"人力"将在未来 10 年成为"稀缺资源"，不仅将使劳动力供需进入"卖方市场"，进而使职业学校在"校企合作"中处于有利的地位；而且可能将使职业教育的受众和需求从职前学历教育，转向面向成人的职业培训、社区教育和老年教育。

（三）中职教育资源配置的价值取向

面对经济发展进入新常态，关于宏观调控"树立危机应对和风险管控意识"和"宏观政策要稳、微观政策要活、社会政策要托底"的新要求，以及当前职业教育生源萎缩、吸引力不足和未来新增劳动力人口数量下降等新形势，迫切需要教育主管部门坚持问题导向、依法行政、放管结合，统筹推进中等职业教育资源优化配置。

1. 稳字当头，依法推进

对于当前中等职业教育部分资源闲置，运行效率不高，吸引力不足等问题，存在优化调整的可能；但是，中等职业教育布局调整和资源整合要正确处理好改革、发展和稳定三者关系，按照相关法律法规和政策文件要求，稳字当头，依法推进。

2. 政府统筹，放管结合

中等职业教育资源配置要坚持政府指导，统筹推进。既要合理发挥市场在资源配置中的决定性作用，也要更好发挥政府在中等职业教育资源配置中的指导性作用，坚守公办中等职业教育办学资源不流失的底线。

3. 立足发展，远近兼顾

中等职业教育资源配置既要着眼解决当前资源配置效率不高等现实问题，通过关停并转等资源整合方式提质增效；同时也要放眼未来，全面分析出生人口、劳动力结构和产业发展变化等，尽量保留优质中等职业教育优质资源。

二、中等职业教育资源配置的主要经验

十七年前，我国中等职业教育已经经过一轮学校调整。1999 年教育部印发《关于调整中等职业学校布局结构的意见》（以下简称《99 版意见》），各地相应出台中职学校布局结构调整文件，推动中职整合教育资源、优化学校布局、提高规模效益。

（一）建立标准，明确重点

1999 年 6 月，《中共中央国务院关于深化教育改革全面推进素质教育的决定》（以下简称《素质教育决定》）提出：①"教育与生产劳动相结合是培养全面发展人才的重要途径"，而且明确"基本普及九年义务教育和基本扫除青壮年文盲（以下简称'两基'），是全面推进素质教育的基础"；②"地方各级人民政府要继续将'两基'作为教育工作的'重中之重'，确保 2000 年'两基'目标的实现和达标后的巩固与提高"；③"调整现有教育体系结构，扩大高中阶段教育和高等教育的规模，拓宽人才成长的道路，减缓升学压力"；④"通过多种形式积极发展高等教育，到 2010 年，我国同龄人口的高等教育入学率要从现在的 9% 提高到 15% 左右"；⑤"高等职业教育是高等教育的重要组成部分，要大力发展高等职业教育"。

1999 年，十五届四中全会通过《中共中央关于国有企业改革和发展若干重大问题的决定》（以下简称《国企改革决定》），在文件"七、改善国有企业资产负债结构和减轻企业社会负担"部分，明确提出"分离企业办社会的职能，切实减轻国有企业的社会负担。位

于城市的企业，要逐步把所办的学校、医院和其他社会服务机构移交地方政府统筹管理，所需费用可在一定期限内由企业和政府共同承担，并逐步过渡到由政府承担，有些可以转为企业化经营"。

中共中央的《素质教育决定》和《国企改革决定》对教育结构调整产生了重大影响，国民教育领域出现了"两扩一减"现象：一是普通高中规模扩张；二是高等教育规模扩张；三是职业教育尤其是行业企业职业学校调整剥离，办学规模缩减。《99版意见》关于"进一步深化中等职业教育办学体制和管理体制改革，优化中等职业教育资源配置，实现中等职业教育在新的历史时期的资源重组，提高办学质量和整体效益，促进中等职业教育适应经济体制改革的需要，更好地为经济建设和社会发展服务"等表述，一定程度上反映了上一轮中职布局调整所处的时代背景和宏观改革需要。

（二）明确任务，问题导向

《99版意见》指出：目前，中等职业教育整体规模效益不高，1998年，我国中等职业学校和成人中专约22 000所，除普通中专学校校均规模约1 200人，已基本达到原国家教委规定的中专学校设置有关标准外，其他几类学校校均规模只有500人左右，其中有些学校已经连续几年没有招生，教育资源没有得到充分利用。

《99版意见》指出：随着社会主义市场经济的建立和完善，以及政府机构改革和职能转变，各级政府部门管理经济和企业的职能，正朝着政企分开的方向转变，政府业务主管部门对中等职业学校的直接管理也在逐步削弱，因此，对现有中等职业学校进行布局结构调整，不仅是中等职业教育发展的需要，也是政府机构改革转变职能的需要。

《99版意见》指出：随着我国经济发展和科学技术的进步以及产业结构的调整，各行业对人才的需求数量和要求不断地变化，一些新兴的产业和职业岗位不断出现，许多行业、职业岗位趋向融合、复合，为适应这些变化，必须对学校和专业的布局结构进行调整。

《99版意见》指出：在社会主义市场经济体制下，学校的发展面临越来越激烈的竞争，通过合并、共建、联办、划转等多种形式进行布局结构调整，可以进一步优化资源的配置，扩大学校的办学规模，改善办学条件，使教学质量和办学效益都得到提高。

（三）地方探索，先行先试

1. 省级统筹规划，地市为主落实

陕西省以省政府统筹安排，教育、人社等有关部门分工负责、密切配合，明确各市级

政府责任；浙江省则是明确了"整体规划，打造现代化职校""分布整合，增强学校竞争力"两个步骤；广东省通过省级层面完善组织机构与工作机制，市级层面加强统筹的方式进行调整。

陕西省相关部门提供的调研报告显示：2010年教育部印发《中等职业学校设置标准》之后，陕西省教育厅以开展中等职业学校达标验收为抓手，启动中等职业教育资源整合工作。2012年，推广县地经验，强化县区政府统筹，推动各县区统筹县域内农广校、农机校、教师进修学校、卫生学校等各类职业培训资源，统一纳入县级职业教育中心管理实施。

为推动此项工作，陕西省教育厅印发了重点支持建设的县级职业教育中心的若干意见，明确了重点支持建设的县级职业教育中心规划，要求每个县原则上只保留1所中等职业学校，中央、省级财政项目重点支持县级职业教育中心建设，未纳入重点建设规划的县区职教中心调整办学定位，逐步退出职业学历教育，主要实施短期职业技能培训。同时，加快推进省属中等职业教育资源整合工作。

2013年底，陕西省教育厅印发了《关于强化统筹整合中等职业教育资源的实施意见》，就全省教育部门管理的中等职业学校提出了整合资源的原则意见、目标任务和政策措施，并提出了数量目标。

基本分工是：省政府统筹安排，教育、人社等有关部门分工负责，密切配合，做好各自管理的中等职业学校资源整合工作。

其一，在市级层面，由各市政府负责整合本区域职业教育资源，主要工作有三项：第一，市政府协调教育、人社及市级有关部门整合市级中等职业学校（含技工学校）。基本要求是通过挂靠、转型、合并等途径，将市属（部门）中等职业学校整合到各市职业技术学院或技师学院，原则上各市不再保留市属（部门）中等职业学校。中等职业学校数较多的市要制定本市整合方案报省教育厅批复后实施。第二，市级政府推动，县级政府负责，整合县域职业教育资源。按照"政府统筹、部门联办、教育协调、一校多牌"的原则，将县域内各部门职业教育与培训的人、财、物统一纳入职业教育中心管理，实现一县一中心。按照"渠道不变，用途不变，统筹安排，各计其功"的原则，统筹教育、人社、农业、扶贫等有关部门培训项目及资金，集中到县级职业教育中心统筹组织实施，统筹管理和使用。第三，整合民办中等职业学校。全省民办中等职业学校基本上是由各市教育行政部门审批管理的，整合民办中职的任务主要在各市。要求各市教育行政部门要规范民办职业教育准入、审批制度，对民办中等职业学校开展达标验收，对不达标的停止其学历教育招生资格，责令限期整改，1年后仍不达标的予以注销；对达标的民办职业学校，实行自主确定招生范围和年度招生计划的制度。民办中等职业学校较多的区市，要制订民办中等职业教育资源整合方案,报省教育厅核准后实施。

其二,在省级层面,做好教育、人社部门管理的中等职业学校资源整合工作。一方面,省级教育、人社部门直属中等职业学校率先行动,加快资源整合工作进程。省教育厅直属中等职业学校资源整合工作的基本考虑是采取合并、联办、升级的办法有效整合。"合并"就是按照地域相近、专业大类相近原则,将有关联的中等职业学校进行调整合并;"联办"即通过与现有高等职业技术学院联合办学或挂靠方式,提升办学层次,增强吸引力;"升级"就是对于条件具备,办学实力较强,且有成人高校建制(双牌)的学校,升级或升格为高等职业学校。另一方面,省级各有关部门(行业)举办的中等职业学校整合工作,由举办部门提出意见,报省政府审定后组织实施。原则上,每个行业(部门)所属技工院校应控制在一定数量内,所属普通中等专业学校充分整合后保留1所,鼓励跨行业、部门合并。

其三,对于各有关行业部门举办的成人中等职业学校,淡化办学类别,调整办学定位,逐步退出全日制中等职业学历教育。

主要措施包括四个方面:一是由教育、人社部门依据《中等职业学校设置标准》或《技工学校设置标准》,组织开展对中等职业学校达标验收,验收不达标撤销学历教育办学资格。二是开展中等职业教育资源整合工作专项督导,对整合工作不力、进展缓慢的市(区)、行业(部门)实施政府问责。三是省教育厅、人社厅对通过达标验收,具有学历教育招生资格的中等职业学校统一进行媒体公示。四是加强学籍审核管理,对办学不达标的中等职业学校停止招生,不予注册学籍。

需要规避的风险包括:一是整合中等职业教育资源应加强管理,防止国有资产在整合过程中流失。二是国家教育部、财政部、人社部《关于实施国家中等职业教育改革发展示范学校建设计划的意见》中明确提出"各有关部门确保示范学校自验收之日起10年内不改办为高等职业院校或并入高等学校"。全省国家中等职业教育改革发展示范校在整合资源过程中应保持相对稳定,近期内不宜并入有关高等学校。

2. 加强部门协同,突破体制约束

广东省形成了高中阶段教育统一管理的体制,成立了高中与中职教育处,统筹管理普通高中与中职教育,实现了高中阶段教育内部不同类型教育间的协调、有序发展;上海市形成了教委统一管理中职的体制,2006年市教委与劳保局联合发文,规定由上海市教委统一负责技工宏观管理工作。

广东省有关部门提供的调研报告显示:"十一五"期间,广东省组织开展了中等职业教育战略性结构调整,形成了打破行政区域划分,统筹中等职业教育资源的整体改革思

路,并在发展实践中取得了成效。广东省委、省政府在《关于加快普及高中阶段教育的决定》中指出:从 2007 年起,利用五年时间,建立起布局合理、结构优化、协调发展、充满生机与活力的高中阶段教育体系,满足人民群众接受高中阶段教育的多样化需求。同时明确:从全省实际出发,要普及高中阶段教育,必先大力发展中等职业教育;要发展中等职业教育,就必须打破行政区域划分,统筹全省职教资源,大力实施中等职业教育战略性结构调整。

总体思路:珠江三角洲地区要从保持自身经济社会发展领先地位和全省人力资源配置的大局出发,充分发挥龙头带动作用,在继续办好现有中等职业技术学校的基础上,高起点新办一批中等职业技术学校,面向全省招生,使在校生规模每年按 15% 的速度递增,经过 2-3 年的努力,实现每年招收经济欠发达地区 10 万名以上初中毕业生就读,把本地区建设成为全省职业技术教育的核心地带和重要基地;经济欠发达地区加强市级统筹协调,优化中等职业技术教育布局结构、类型结构和专业结构,以地级市城区为主,集中力量做大做强若干所骨干中等职业技术学校,重点支持有条件的县(市)整合区域内职业教育资源办好一所中职学校。

主要举措:广东省中等职业教育资源战略性配置的重点是有效增加学位,让更多的初中毕业生有书可读。重点做了五方面的工作。

第一,加大省级统筹。完善组织机构和工作机制,实现普通高中与中职教育的统筹管理、协调发展。一是完善组织机构,一方面省教育厅将普通高中与中职教育的管理机构合并,成立了高中与中职教育处,在教育厅内部统一制定高中阶段教育招生计划,统筹管理招生建校与教学改革等工作;另一方面成立了省高中阶段教育招生领导与工作机构,加强部门间沟通协调工作,建立省统一的中招平台,落实各类高中阶段学校(包括人力资源社会保障部门管理的技工学校)统一招生,实现了高中阶段教育内部不同类型教育间的协调、有序发展。二是完善工作机制,包括全省统一印制招生资料、统一开展招生媒体宣传、统一开展招生督查与通报、统一落实招生责任等,避免了资源浪费与内耗,实现了有序竞争、良性发展。

第二,加强政策支持。通过省建设立项、经费支持等方面的导向作用,重点扶持符合全省中等职业教育布局结构方向的学校和项目建设。为加快高中阶段教育普及和中等职业教育发展壮大,省财政设立了 60 多个亿的财政专项资金用于学位建设的奖补工作,带动地方投资超过 200 个亿。在经费的投入上,明确优先支持符合省布局结构调整方向的学校和项目建设,推动一大批项目加快上马。特别是为了支持学位建设,省教育、人社、发改、财政等部门通力协作,将中等职业教育基础设施建设列入省重点工程,予以强有力的政策保障,为加快项目建设进度,早见项目成效奠定了基础。同时在实训中心等其他省级项目立项时，也优先扶持相关的建设项目，发挥导向作用。

第三，强化市级统筹。明确地市尤其是粤东西北地市在区域中等职业教育发展中的统筹作用，引导地市整合资源、优化布局。包括省财政奖补专项资金全市统一测算、整体下达，再由各市结合本市实际统筹使用；在项目立项时强调地市的统筹作用，特别是对粤东西北等经济欠发达地区，明确地市在中等职业教育发展中的主体作用与责任，引导、督促各市在市域范围内整合资源、优化布局；在责任考核时，也以市为单位，根据各市发展状况进行经费奖励或问题通报等。

第四，创新办学模式。包括推进珠三角与粤东西北地区的帮扶合作、推进优质学校兼并重组薄弱学校等。针对粤东西北地区中等职业学校办学实力较弱、办学水平总体较低的状况，广东省出台文件，鼓励、引导乃至组织珠三角优质的中等职业学校与粤东西北地区相对薄弱的中等职业学校，特别是县域内的中等职业学校进行联合办学，树立了一批联合办学或者兼并托管的改革典型，为各地改革创新办学机制与办学模式提供了有效指引。

第五，加快基础设施建设。规模发展离不开学位建设的基础性保障。全省将学位建设作为中等职业教育规模发展的重点来抓，坚持以改扩建为主，适度新建的原则，坚持以优质学校为主体扩大办学空间。特别是强调要通过增量发展来推动和促进中等职业教育的布局结构调整，减少了阻力，提高了实效。许多地市都高起点新建或易地重建了一批重点发展的市属中等职业学校。在具体建设过程中，各地也引进了 BT（Build 和 Transfer 的缩写形式，即"建设—移交"，是政府利用非政府资金来进行非经营性基础设施建设项目的一种融资模式）等多种建设模式，对各建设项目的如期完成发挥了非常明显的作用。

3. 结合专项建设，加大经费投入

上海市教委和人社局联合实施"百校重点建设工程"项目，以市财政专项建设为抓手，推动中职学校布局调整；广东省认为规模发展离不开学位建设的基础性保障，省财政设立了 60 多个亿的财政专项资金用于学位建设的奖补工作，带动地方投资超过 200 个亿。

4. 注重内涵建设，优化专业布局

有 10 余个省份在中职学校布局调整文件中，对专业布局调整做出了原则性的规定，如适应产业发展要求调整专业设置、重点建设若干专业、学校重点建设特色专业等。有 9 个省份专门出台专业布局调整文件，分别是北京、广西、湖北、贵州、福建、上海、四

川、重庆、浙江。

5. 改革管理体制，强化规范管理

部分地区针对中等职业教育管理体制上"条块分割"的弊端进行了调整，一是将省属的技工学校下放到市统筹管理，包括辽宁、河北、黑龙江和安徽四省；二是将行业部门管理的职业学校划归教育部门管理，如甘肃。部分地区在布局调整过程中，统一了学校名称，同时对学校挂牌情况作了明确规定，如重庆市明确了中职学校应该"一套班子，一套机构，一套制度"。

6. 聚焦职教中心，进行专项调整

陕西省教育厅印发《关于支持重点建设的县级职业教育中心的若干意见》，重点支持建设的 51 所县级职业教育中心规划，要求每个县原则上只保留 1 所中职学校，未纳入重点建设规划的其余 56 个职教中心调整办学定位，逐步退出职业学历教育，以实施短期职业技能培训为主。

（四）稳步推进，任重道远

从数量上看：上一轮中职调整效果明显，学校数减少 43%。公开数据显示，1999 年全国中职学校（中专、技校、职高、成人中专）21 542 所，2014 年下降到 11 878 所，降幅达 45%。

从校均规模看：大部分地方提高了在校生规模，但也有部分地方出现校均规模下降的情况。调研数据显示，校均规模下降的省份有山东、吉林、山西和河南。另外，校均规模增幅较大的地方有北京、青海、重庆、福建、云南等。

从学校类型看：绝大部分地方行业办学和县办中职减少。省属中职学校数量增加或未减少的地方有山西、广东、山东、江西、西藏等；市属中职学校数量增加或未减少的地方有西藏、福建、山东和山西；县属中职学校数量增加的地方有青海。行业所属中职学校数量未减少的地方只有山东。

从各地情况看：职业高中和成人中专减少明显。统计数据显示：除西藏外，各地中职学校布局调整都"调减"了部分中职学校，但不同类型学校增减各有不同。职业高中和成人中专：这两类学校是上一轮中职学校布局调整中，调整减少的主要学校类型；普通中专：不少省份在总体调减中职学校数量过程中，增加了普通中专的数量（浙江、江苏、福建、河北、吉林、甘肃、西藏）；技工学校：也有省份增加或未减少技工学校的数量（广东、福建、江西和吉林）。

从其他效果看：技工学校的管理体制问题仍未解决，专业布局仍不能完全适应经济社会需要，办学质量有待提高。2014年出台的《国务院关于加快发展现代职业教育的决定》指出：近年来，我国职业教育事业快速发展，体系建设稳步推进，培养培训了大批中高级技能型人才，为提高劳动者素质、推动经济社会发展和促进就业做出了重要贡献。同时也要看到，当前职业教育还不能完全适应经济社会发展的需要，结构不尽合理，质量有待提高，办学条件薄弱，体制机制不畅。

三、当前中职教育资源配置面临的风险

中等职业教育资源配置，不仅涉及人、财、物等办学资源，涉及面广且事关各方切身利益，而且将对职业教育事业发展产生深远影响，必须充分分析解决当前现实问题和影响未来发展趋势之间的风险因素，在依法治教和促进政府职能转变等原则指导下，突出问题导向，运用底线思维，进行全面考量和审慎推进。

（一）"单向调整"风险与应对

《国家中长期教育改革和发展规划纲要（2010—2020年）》提出"到2020年，普及高中阶段教育，满足初中毕业生接受高中阶段教育需求"，明确"2015年高中阶段教育毛入学率达到87.0%，2020年毛入学率达到90%，以及中职教育在校生占高中阶段在校生50%"。

风险分析：以各地学龄人口规模的推算，可以发现两种截然相反的趋势：一方面，未来10年高中阶段教育的适龄人口（15-17周岁）规模总体上低于2012年水平；另一方面，由于受到"普及高中阶段教育"的政策目标影响，未来10年全国中职在校生规模将有可能出现增长的情况。

（1）当"普职比5∶5"时，中职规模将增长。与2012年相比，增幅在20%~30%，其中：2015年、2020年和2025年招生规模分别增加约300万、500万和300万，增幅分别是18%、28%和18%。

（2）当"普职比6∶4"时，中职规模保持稳定。与2012年相比，变动幅度在上下5个百分点之间，也就是与2012年中职规模（1 689万）水平大致相当。

风险提示：在"普及高中阶段教育"和"普职比大体相当"的情况下，需求测算的结果是，到2025年，中职招生规模将与2012年的招生规模相当甚至超过。如果采用上一轮"单向调整"方式大规模削减学校数量，可能存在无法满足事业发展需求的风险。

风险应对：总体上不应采用大幅度削减中职学校数量的"单向调整"，根据各地情

况，进行有增有减的"双向调整"。

（1）当"普职比5∶5"，全国有4个省市中职规模小于2012年水平。分别是：北京、四川、福建和陕西，可能需要考虑适当调整减少中职学校数量。

（2）"普职比6∶4"，全国接近三分之二的省份（19个）中职规模低于2012年水平。其中2015年、2020年和2025年三年平均在校生规模比2012年减少幅度超过15%的省份、直辖市共有9个，分别是北京、河南、四川、福建、陕西、广西、广东、安徽和重庆等，这9个省市可能要更多考虑适当减少中职学校数量。[1]

不建议调整减少中职学校的省份有6个：分别是西藏、贵州、新疆、云南、青海和江西，这6个省份中职规模增长幅度将超过20%，甚至可能需要实际情况适当调整增加学校数量。

（二）"系统性"风险及应对

2010年，教育部印发《中等职业学校设置标准》（以下简称《设置标准》），明确要求"各地要依据《中等职业学校设置标准》对中等职业学校进行检查评估，对不达标的中等职业学校要通过加强建设、资源整合、布局调整等措施，限期达标，切实改变部分地方中等职业学校散、小、差的状况，推动中等职业学校建设上规模、上水平"。比如《设置标准》第六条明确规定："中等职业学校应当具备基本的办学规模。其中，学校学历教育在校生数应在1 200人以上。"

风险提示：按照现行《设置标准》作为依据，如果说对于人财物等办学资源不达标的学校，主管部门和举办方有可能可以通过"加强建设"等方式帮助其"限期达标"；那么，对于"学历教育在校生数应在1 200人以上"未达标的学校，主管部门可能将要更多考虑"资源整合、布局调整等措施"。

如果执行"学历教育在校生数应在1 200人以上"的设置标准，全国将有三分之二的中职学校因为"不达标"而需要进行"资源整合、布局调整"，这样的调整波及面太大，不仅不利于稳定，而且很有可能动摇中等职业教育在职业教育中的"基础"地位，多年改革成果也可能毁于一旦，风险太大、成本太高。

风险分析：

（1）目前在教育部门主管的中职学校中（不含技校），有近三分之二学校的在校生规

---

[1] 本课题关于"普及高中阶段"目标下中职规模的测算工作完成于2014年上半年，当时2013年相关数据尚未全面公开，因此选用当时已经公开的2012年数据作为"基数"参照。由于该项研究旨在说明未来10年中职规模变动的大方向和大趋势，为布局调整宏观决策提供总体趋势性印象，且该项研究已能实现该项目，所以未对"基数"进行数据跟踪采集和更新。

模在1 200人以下,未达到现行设置标准。教育主管部门提供数据显示,全国教育部门办学中职学校中:职业高中约占40%,成人中专占14%,附设中职班占10%。按照《中职设置标准》第六条规定:"中等职业学校应当具备基本的办学规模。其中,学校学历教育在校生数应在1 200人以上",全国未能达到教育部要求的在校生标准的学校近三分之二。

(2) 全国有近五分之一的中职学校(不含技校)在校生为0。数据显示:全国约三分之一的省份中职在校生为0学校数量在百所以上,这些省份分别是:河北、河南、山西、云南、江西、湖南、黑龙江、安徽、山东和吉林。

(3) 在校生为0的中职学校中,成人中专、职业高中、县级教育部门和民办学校比重较高,且近一半学校相关资源条件也为0,超过90%的学校相关资源条件未达到现行设置标准。其中:专任教师数低于60人的学校占95%,其中专任教师为0的学校占41%;校园占地面积低于40 000平方米的学校占95%,其中占地面积为0的学校占42%;建筑面积低于24 000平方米的学校占97%,其中建筑面积为0的学校占44%;学校图书低于3.6万册(按在校生数1 200人,生均图书30册计算)的学校占96%,其中生均图书为0的学校占47%;教学用计算机低于180台(按在校生数1 200人,每百生15台计算)的学校占95%,其中为0的学校占51%。

(4) 在教育部门主管的1万多所中职学校中,剔除在校生为0的学校后,在剩下的中职学校中,相关资源条件未达到现行设置标准的情况仍然比较普遍。其中:在校生数少于1 200人的学校占比55.78%;专任教师数少于60人的学校数占比56.82%;师生比未达到1∶20的学校占比52.68%;双师比低于30%的学校占比73.17%;生均用地面积少于33平方米的学校占比55.84%;生均校舍建筑面积少于20平方米的学校占比63.04%;生均图书少于30册的学校占比65.04%;教学用计算机数少于每百生15台的学校占比48.81%。

值得指出的是:国家示范中职学校达标情况较好,尤其是在校生数、专任教师数和双师比三项重要指标上,示范学校的达标情况远高于总体水平。

需要注意的是:与总体情况相比,民办中职学校相关资源条件中,在校生规模、教师队伍不达标问题更为突出。在校生数未达到1 200人的学校占79%,专任教师数未达到60人的学校占86%,师生比未达到1∶20的学校占56%,双师比未达到30%的学校占81%,所占比重均明显高于8 967所学校的总体情况。

风险应对:首先,鉴于"打击面"太广,不建议把《设置标准》作为指导新一轮布局调整的"普适性"政策工具;其次,把调整范围缩小到客观上"在校生为0"的中职学校,这部分学校已占教育部门主管学校的20%,如果再加上人社部门的技工学校,数量将更多;

第三，在校生为 0 的中职学校中，按照《设置标准》进一步聚焦办学资源不达标设置为 0 的学校，以此作为新一轮布局调整的突破口、切入点和工作重点；第四，建议进一步聚焦在校生为 0 的中职学校中的成人中专、职业高中、县级教育部门办学和民办中职学校。

综合比较成人中专、职业高中、县级教育部门和民办学校的数量，以及在校生为 0 的中职学校在全省所占比重等因素，发现有 13 个省份在新一轮布局调整中可能需要给予重点关注，分别是：河北、云南、河南、山西、江西、湖南、黑龙江、吉林、内蒙古、甘肃、重庆、安徽和山东。

（三）"过度干预"风险及应对

从《99 版意见》中可以发现，上一轮布局调整目的和动因大概有四个方面：一是提高规模效益（校均规模有提升）；二是管理体制改革（重点是顺应国企改革和政府机构改革转变职能，行业办学划归教育部门）；三是适应产业升级和经济社会发展对技术技能人才的需求（专业布局）；四是优化资源配置，提质增效（提高质量）。

与上一轮相比，本轮中职布局调整同样面临四大任务：一是提高规模效益；二是管理体制改革（重点是自身职能转变，简政放权、放管结合）；三是专业布局调整（服务需求、就业导向）；四是激发办学活力（深化改革，提质增效）。

回顾总结上一轮布局调整的成效，对于"提高规模效益"和"行业企业办学管理体制改革"两大目标任务，通过政府干预和调控，可能可以发挥效果；但是，如果对于专业布局调整，只靠政府宏观调控可能效果并不明显；而对于激发办学活力，干预只能产生间接影响。

风险分析：一方面，面对各级各类教育共同面临的"适龄人口规模持续下降"这一重要外部制约因素，新一轮调整工作如果一味地在内部以削减学校数量的方式提高规模效益而忽视外部因素，布局调整效果将大打折扣；同样，如果忽视在"普职比大体相当"情况下"普及高中阶段教育"这一重要外部条件，布局调整工作可能出现方向性误判，并在若干年后成为制约职业教育改革发展的隐患。另一方面，在中央反复强调"政府职能转移""简政放权""管放结合"的时代背景下，如果在中职学校办学的微观领域，比如专业设置和资源配置的具体方式方法上"过度干预"，那么，实践将再一次证明政府在职业教育的微观办学领域，干预越多、效果越差，最终同样会给职业教育改革发展带来隐患和风险。

风险应对：首先，在宏观层面，要高度关注出生人口数量变化对包括职业教育在内的各级各类教育的深远影响，并将之作为新一轮中职布局调整工作前提加以考量。其次，在中观层面，分析预估未来 10 年中职发展规模时，不仅要考虑"普及高中阶段"这一中长期教育规划纲要的战略目标，更要充分估计当前职业教育"吸引力问题"，从政策上坚守"普职比大体相当"这一中等职业教育发展的"红线"或者说是"生命线"。最后，在微观层面，要坚决贯彻中央关于"简政放权、放管结合"等指示，在激发办学活力和优化专业布局等方面减少直接干预，按照《国务院关于加快发展现代职业教育的决定》要求，通过"政府推动、市场引导"，进一步"发挥好政府保基本、促公平作用，着力营造制度环境、制定发展规划、改善基本办学条件、加强规范管理和监督指导等。充分发挥市场机制作用，引导社会力量参与办学，扩大优质教育资源，激发学校发展活力，促进职业教育与社会需求紧密对接"。

四、对中等职业教育的政策建议

基于上述分析，我们认为新一轮中职学校布局调整要把握大局、看清方向、明确思路、突出重点，具体建议概括为："抓牢一点一线，做好两项平衡，建立三级体系，关注四类学校，做实五个环节"。

（一）抓牢"一点一线"，使中职资源配置与宏观政策相匹配

聚焦一个重点：建议主管部门把"在校生为0"的中职学校作为新一轮布局调整的重点，依据《设置标准》对其中资源条件不达标甚至为0的学校进行调整。总之，新一轮中职布局调整不是"大刀阔斧"的大调整，而是"切口要小，精准发力"。

守住一条红线：各级政府主管部门要坚决守住"总体保持中等职业学校和普通高中招生规模大体相当"的要求。这不仅是《国家中长期教育改革和发展规划纲要（2010—2020年）》的明确要求，也是《国务院关于加快发展现代职业教育的决定》的明确规定。国家政策未变，应该贯彻落实。

（二）做好两项平衡，使当前调整需要与长远建设需求相匹配

做好当前与长远之间的平衡：当前，既要坚决依法依规调整一批当前不符合标准的中职学校，形成优胜劣汰、促进改革的职业教育办学氛围；又要考虑到加快普及高中阶段教育的发展任务，在职普比大体相当的情况下，中职学校的数量不宜做大幅度削减，要平衡好调整与建设的关系。

做好关停与转型之间的平衡：在具体调整方式上，要"关停"与"转型"并重，或者"并转"为主，"关停"为辅。一方面，"调整容易恢复难"，要爱惜和珍惜中等职业教育发展积累的资源和基础；另一方面，随着老年教育和社区教育需求旺盛、方兴未艾，中职学校布局调整的着眼点要从"关停"更多转向"转型"。

(三)建立三级体系,使顶层设计与实践工作相匹配

国家部委要加强宏观协调:教育部门、人保部门和财政部门要加强沟通合作,优化顶层设计,协调配合、一体施策,共同领导和推进中等职业学校布局调整工作。

省级政府要重视统筹指导:省级人民政府要更好发挥统筹协调和指导职能,摸清情况、制定方案、检查落实、有序推进,切实承担起优化中职布局结构,加快发展本省现代职业教育的重要责任。

当地政府要发挥主体作用:职业教育以服务为宗旨,就业为导向。地方政府是最直接受益者,应切实承担当地中职学校布局调整的规划和实施工作,更好地让中职学校在经济社会发展中发挥作用。

(四)关注四类学校,使政策指导与现实问题相匹配

成人中专:在强调规范管理的前提下,引导其转型发展。

职业高中:明确职业教育办学方向,依法依规调整。

县级中职:根据学校分布,在结合国家政策适当放宽要求的基础上,做到一县一校,避免重复建设。

民办中职:发挥市场在资源配置中的决定性作用,允许公办和民办学校相互之间按照市场规则依法依规进行资源整合。

(五)做实五个环节,使统筹协调与实际效果相匹配

聚焦重点、切口要小。中职布局调整工作涉及切身利益,必须依法依规调整,尤其要注意切口要小,以近年来不招生的学校为重点,调整与转型相结合,稳妥推进。

顶层设计、宏观协调。教育主管部门会同人保部门和财政部门,加强沟通协调,优化顶层设计,协同推进调整工作。要注意管理与激励相结合,发挥宏观指导和政策引导的作用。

摸清底数、精准发力。要发挥省级政府统筹作用和地县级政府的主体作用。在教育部统一领导下,2015年底完成摸底调研和调整方案设计,做到心中有数,调整有效。

问题导向、调建结合。本次调整要针对各地管理中的问题,尤其是学生管理、学校设置和帮困助学等方面存在的突出问题,做到调整与建设相结合,规范管理、以调促建。

放管结合、政策引导。一要注意布局调整不应降低中职教育经费总量,二要注意防范学校调整中出现违法乱纪和国有资产流失现象,三要注意运用政策工具,比如通过专项引导,鼓励学校围绕国家"一带一路"倡议、"中国制造2025"和"大众创新、万众创业"战略布局以及地方经济社会发展需求,自主调整优化专业布局。

第七章

借鉴：基础教育资源配置的国际经验

教育资源是保障教育发展的基本前提。我国学者一般把教育资源划分为人力、物力和财力这三大方面。经济合作与发展组织（Organization for Economic Co-operation and Development，OECD）则认为，教育资源除包括上述三个方面外，还包括以项目为载体的资源。[1] 因循这一分类，教育资源可以区分为：财政资源，如各类教育支出，包括学校的各种经费；人力资源，如教师和学校领导者；物理资源，如教育基础设施、信息通信技术设施；目标项目，即针对特定学生群体或是具有特定目的的资助项目，亦是教育资源的一种体现。教育资源配置的本质，在于促进教育资源的公平分配，提高教育资源的使用效益，从而推动教育的良性发展和质量提升。可以说，公平、质量和效益是教育资源配置所坚持的基本原则。

基础教育包括学前教育、初等教育和中等教育（含初中和高中）三个阶段。在基础教育资源配置方面，世界各国采取了一系列卓有成效的政策与措施，不同国家也凸显出不同的侧重点。美国是教育大国，也是教育强国。一直以来，美国的教育改革始终走在世界前列，并率先实现了高中教育的普及化，实行从幼儿园到12年级长达13年的义务教育。公平是美国基础教育发展的基本价值取向。在基础教育领域，美国一直把实现教育机会平等、保障所有学生都有学习和获得成就的机会，作为其教育发展的重要目标。同时，质量也是美国教育发展追求的重要目标。"公平与质量"也因而成为美国基础教育资源配置所坚持的重要原则。

英国由英格兰、北爱尔兰、苏格兰和威尔士四个地区组成，不同地区的教育制度与政策存在巨大差异。本章在谈到英国在基础教育资源配置方面的政策与实践时，主要以英格兰地区为代表。提高教育质量、照顾学生和家长的教育需求是英国基础教育资源配置的重要特点。

韩国实行九年义务教育，覆盖小学和初中教育阶段，其高中阶段也已经达到普及的程度。高度"均衡化"是韩国基础教育发展的重要特征，优先关注薄弱地区教育是其基础教育资源配置坚持的重要原则。

新加坡倡导每个学生循序渐进地发展自己独特的天赋和兴趣。新加坡基础教育改革的目标，在于让每个学生获得既深且广的基础，为学生的长远发展奠定基础，让他们能够终身受益；不仅要关注学生的学业成绩，更要关注学生的全面发展。其中，深度是指培养学生良好的价值观，树立国民观念；而广度是指重视每个学生，为每个学生提供

---

[1] OECD review of policies to improve the effectiveness of resource use in schools: design and implementation plan for the review [R]. 2015.

广泛的、全面的教育,提供多元的发展渠道,并协助他们发掘不同领域的潜质和兴趣。[2]
总之,让每个学生获得适合其发展的教育、实现"高位均衡"是新加坡基础教育资源配置的重要特点。

在基础教育资源配置的具体政策与实践举措上,不同国家既有不同的特点,又表现出一定的共性。本章主要以美国、英国、韩国和新加坡等为例,探讨其基础教育资源配置的经验。

一、立法保障教育资源衡量配置

针对基础教育阶段教育财政资源、物理资源和人力资源不足的问题,世界各国首先制定一系列法律法规,并通过增加教育财政拨款,为教育资源配置提供立法保障与资金支持。

(一)美国:公平与质量并举

公平与质量是美国教育发展的两大主旋律,也是其教育资源配置过程中坚持的重要原则。历年来,美国出台了一系列政策措施,来推进教育公平,并实现国家教育质量的普遍提升。

1965年颁布的《初等和中等教育法》(*the Elementary and Secondary Education Act*)规定,联邦政府应向那些低收入家庭儿童集中的地方教育部门提供财政援助,采取一定措施来满足教育处境不利学生的特殊教育需要,扩展并改进这些学生的教育方案(包括学前方案),[3]明确提出对弱势群体学生(也称"社会不利地位学生")实施教育资助。

2001年的《不让一个孩子掉队法案》(*No Child Left Behind*,NCLB)继续强调对弱势群体学生的关注,呼吁不论其种族背景、收入水平、残疾与否,使每个孩子的数学和阅读水平在2014年达到熟练程度。

2008年,奥巴马总统上台后提出一系列教育改革计划,旨在为美国各州提供资金支持,确保每个教室的优质教学,提高面向所有学生的教育标准,构建能够有效改善教学的教育系统,显著改进低绩效学校,通过这些举措来改进不利地位学生的教育结果。

2009年,作为《美国复苏与再投资法》(*American Recovery and Reinvestment Act*,

---

[2] 孙兴华,马云鹏.兼具深度广度:新加坡基础教育改革的启示[J].外国教育研究,2014(6):68-78.
[3] 瞿葆奎.教育学文集・美国教育改革[M].北京:人民教育出版社.1990:271.

ARRA)的一部分,联邦政府推出了"力争上游"(Race to the Top,RTT)计划,通过拨付竞争性拨款,鼓励并资助各州有效提高学生的学业成绩,并致力于推进四个方面的教育改革:第一,建立高标准的学业评价系统,以确保学生在未来大学学习、职业生涯以及参与全球竞争方面能够有出色的表现;第二,建立学生成长数据库系统,并利用数据改进教学,支持学生发展;第三,招募并维持高质量的师资队伍,尤其是在最需要优秀教师的学校和地区;第四,转化薄弱学校,强化学区在改进薄弱学校方面的责任,提升州教育行政部门介入薄弱学校管理的力度,通过变革学校管理措施、撤换校长等措施改善薄弱学校的面貌。

2015年10月,《每一个学生都成功法案》(Every Student Can Succeeds Act,ESSA)颁布,呼吁要让所有学生都能够获得学业上的成功,并采取一系列政策举措予以推动。该法案的主旨内容依然聚集在:确保教育质量不断提升,促进教育公平更好实现。

以上这些措施从立法层面保障了基础教育资源的有效配置,以促进基础教育的均衡发展和质量提升。

(二) 英国:尊重教育选择权

英国1988年颁布了《教育改革法案》,由此带动了此后基础教育的变革与发展。英国此次教育改革的主要目的是提高教育标准,其途径包括:增加家长的教育选择权,把地方教育部门对资源的控制权下放到学校,将私人力量引入公立学校教育,建立准市场。[4] 这一法案奠定了英国教育的市场化走向,并影响至今。同时也表明,英国推进教育公平的举措也带有市场化的意味。

1997年布莱尔领导的新工党政府上台后,发布了教育白皮书《学校的卓越》(Excellence in Schools)。该白皮书指出,"为了克服经济与社会的不利因素,到2002年以前,政府要致力于提高学生的学业成绩标准,实现教育机会均等,尤其要改变处境不利学生学业成就低下的状况"。

进入21世纪以来,英国仍然把增加教育选择权、提高教育质量作为重要目标。2004年,原教育与技能部(Department for Education and Skills)[5]颁布《儿童与学习者五年战略规划》(Five Year Strategy for Children and Learners),提出了英国教育发展

---

[4] Steve Bradley, Jim Taylor. The effect of the quasi-market on the efficiency-equity trade-off in the secondary school sector[J]. Bulletin of Economic Research, 2002, 54(3):295-314.

[5] 教育与技能部,现更名为教育部(Department for Education)。英国教育部的名称曾几经变更,曾用名包括教育与技能部、儿童、学校与家庭部等。

的五项原则：①更加个性化和更多选择权，以满足儿童、学校、家长和所有学习者的需求；②增加教育服务形式的多样性，允许建立更多新的教育服务供给者，采用不同的教育服务方式；③在保障绩效的前提下，给予校长、地方官员以及管理者更多的自由和独立性；④致力于教师发展，为教师成长提供优质的支持服务与培训机会，改善教师的教学与评估；⑤与家长、教职工、志愿者以及志愿服务机构建立伙伴关系，增加儿童、青少年的学习机会以及成人的人生选择。[6]

2009 年 6 月，原儿童、学校与家庭部发布教育白皮书《儿童、学校与未来：构筑 21 世纪的学校体系》(Your Child, Your Schools, Our Future: Building a 21st Century Schools System)指出，家庭、学校和学生之间应建立良好的伙伴关系，提高学校教育质量，改善学校管理，进而满足所有学生的教育需求。[7]

2016 年 2 月 19 日，英国教育部(Department for Education)发布《教育部发展规划(2015—2020 年)》(Department for Education: Single Department Plan 2015 to 2020)，提出未来 5 年的发展目标：①安全与健康：使所有儿童和青少年免受伤害，使弱势儿童能够与其他儿童一样获得成功的机会及相应的支持；②实现教育卓越：使每个儿童和年轻人都能够接受优质的教育服务，不论其出身、背景和已有成就，都能够实现个人的最大化发展；③为成人生活做准备：所有 19 岁青年都能完成高中或大学学业，并习得一定的技能和品格，进而为英国的社会和经济发展做出贡献，有能力找到优秀的工作机会或学习选择。[8]

(三) 韩国：薄弱地区先行

韩国在配置教育资源的过程中，优先考虑并照顾薄弱地区，以促进基础教育的均衡发展。韩国通过一系列政策法规来保障薄弱地区教育先行，率先在薄弱地区实现免费义务教育。

韩国在 1948 年颁布的第一部宪法《大韩民国宪法》第 16 条明确提出，"全体国民具有接受均等教育的权利，初等教育至少是义务的和免费的"，确定了义务教育的免费原则。但面对第二次世界大战以及朝鲜战争之后凋敝的经济状况，韩国政府并没

---

[6] Her Majesty Government. Department for Education and Skills: Five Year Strategy for Children and Learners[R/OL]. 2004-07[2016-02-20]. http://www.educationengland.org.uk/documents/pdfs/2004-five-year-strategy.pdf.
[7] Department for Children, Schools and Families. Your Child, Your Schools, Our Future: Building a 21st Century Schools System[R/OL]. http://www.education.gov.uk/publications/eOrderingDownload/21st_Century_Schools.pdf.
[8] Department for Education. Single Department Plan: 2015 to 2000[EB/OL]. 2016-02-19[2016-02-25]. https://www.gov.uk/government/publications/department-for-education-single-departmental-plan-2015-to-2020/single-departmental-plan-2015-to-2020.

有在全国范围内马上实施免费的义务教育政策,而是借助法律来优先扶持相对落后的农村、渔村、岛屿等教育条件不利的地区。1967年,韩国颁布《岛屿、偏僻地区教育振兴法》,规定各地方政府必须优先确保岛屿、僻地以及农村地区义务教育发展所需的经费,包括保证学校占地面积、完善教室等设施、配备教材和教具、免费供应教科书、提供通勤所需的交通手段、提供教师住宅、聘任适合的教师等所需要的经费。韩国1984年颁布《教育法》,更是将落后地区义务教育年限从6年延长到了9年,并于次年颁布《关于实施初中义务教育的规定》,率先在韩国的岛屿、僻地以及农村地区实施初中免费义务教育。

二、教育经费拨付力求满足需求

教育发展离不开教育经费作为保障。充足的教育财政投入是实现教育良性发展的基本前提。在基础教育资源配置过程中,许多国家通过增加教育拨款,切实解决基础教育资源配置过程中资源总量不足和分布不均衡的问题。在日本,人均教育经费占国民总收入的比率居于世界前列,从而保证了教育资源的充分性,各学校的基础设施条件以及师资、课程等水平,即使在偏远地区和落后农村,也都达到了规范化程度。下面着重就美国和英国的教育经费拨付情况进行阐述。

(一) 美国:教育财政充足模式

美国的基础教育(指公立中小学校)经费主要有三大来源,即联邦、州和学区,其中联邦政府承担基础教育经费的比例极低,州政府则比较高,而学区承担的教育经费最高。可以说,美国基础教育经费的主要责任在州和学区。由于学区的教育经费主要来自于学区财产税(主要是地产税),因而容易造成各州之间以及同一州内不同学区之间基础教育经费差异巨大,成为美国教育不公平的重要根源。例如,2009年,加利福尼亚州不同学区之间的生均投入从6 032美元到18 025美元不等。不同州之间的生均投入水平也相距甚远,2010年犹他州的生均投入为6 454美元,而纽约州的生均投入为18 167美元。[9]

美国教育经费的拨付主要有以下几种形式:

---

[9] U.S. Department of Education. For Each and Every Child—A Strategy for Education Equity and Excellence[R/OL]. http://www2.ed.gov/about/bdscomm/list/eec/equity-excellence-commission-report.pdf. Washington, D.C.

1. 等额补助计划（flat grant programs）

州政府对各学区内每个学生给予相同数额的拨款。拨款公式为：某学区所得州补助额＝生均补助额×该学区学生人数。由于该模式完全基于学生数量进行补助，不考虑学区的财政能力及课税努力程度，对于促进学区间的教育财政公平没有发挥效用；由于补助额度太低，并不能够保证所有学区都能达到最低水平的教育质量，更谈不上教育资源的充足性。目前，美国各州已经不再将其作为州教育资助的主要形式。

2. 基准补助计划（foundation programs）

该拨款公式为：某学区所得州补助额＝（生均基准支出×学区学生人数）－（学区基准税率×学区财产值）。其中，生均基准支出指学区内每个学生的最低教育经费支出水平，由州政府统一制定；学区财产值指学区内房地产的市场价值；学区基准税率指学区内房地税额占房地产市场价值的最低比例，由州政府统一制定。

州政府的资助水平与学区地方财政能力成反比，税源越差、财力越薄弱的学区，得到州政府的补助越多，从而促进了学区间的教育财政公平。该模式中的生均基准（最低限）支出由州政府统一制定，可以保障各学区达到基本的教育水平。

3. 教育财政充足性探索

20世纪90年代以来，美国开始实施教育财政充足性改革。联邦政府呼吁，各州的教育经费支出模式要向财政充足转型，以保证每个公立中小学校学生都能获得"合理的、充足的"教育。"教育财政充足"指的是一个州的公立中小学财政拨款体系需要为州内普通公立学校提供充足的教育资源，使得每一学生都能获得充足的发展，达到一定的教育水平。在教育财政充足性原则的影响下，许多州对原来的基准补助模式进行改进，州政府的教育补助不只是提供最基本水准的教育，而是以充足性教育作为补助标准。充足性原则下的生均基准支出水平，既要保证让所有学生（包括普通学生、家庭经济低收入学生和残疾学生等）都能达到高标准学业要求，还要根据不同地区之间的成本差异和每年的通货膨胀指数来进行调整，以真正达到教育经费的充足性标准。

在如何衡量教育财政的充足性标准上，各州采取了不同的测算方法，包括成本函数法、示范学区法和专家评估法等。[10]

（1）成本函数法。成本函数法假设学校处于有效运转，学校投入与学校产出之间存在教育成本函数的非线性关系。该模式将学校产出与学校教育资源建立为一个教育生

---

[10] 李文利，曾满超. 美国基础教育"新"财政[J]. 教育研究，2002(5)：84-89.

产函数,即在学校产出(如学生学业成就)与学校的直接投入向量(如师生比、教师工资等)、学生特征向量(如残疾儿童比例、学生人数等)、学生家庭特征向量(如家庭收入、小区平均收入等)以及学区经济水平向量(学区居民平均收入、税基、税率等)之间建立函数关系,并获得对应不同学业成就的生均教育支出。该模式能够对学生需求与资源成本的差异做出准确测算,从而有效预测出一个固定规模学区既定产出所需的教育成本,并得出相对成本指数。

(2) 示范学区法。示范学区法首先根据学生学业成就水平的高低,在州内选出一组教育质量较高的学区作为示范学区,然后测算该学区的基本教育支出(如教师工资、学校管理费用等,不包含特殊教育、交通补助等特殊专项经费),最后根据这些示范学区的基本教育支出进行加权平均,从而获得该州有效、充分的教育支出。经过加权测算的充分支出水平,可以依据不同学区的生活成本以及收入因素进行调节。在选取示范性学区时,应选择规模相对平均的、人口统计相对同质的、处于州平均支出水平以下的学区。示范学区法通过样本统计模型计算教育经费,以学生的学业成就以及相关数据为测算依据。当各学区学生人口分布不均、特征差异较大时,充分性教育经费的测算结果会有较大偏差。

(3) 专家评估法。教育领域的专家和行政人员组成评估小组,依据学校的班级规模、人员配置等相关要素定义"示范学区",为不同年龄、性别以及特殊需求的学生设计有效的教学策略,并以此确定每位学生获得较高学业成就所需要的教育资源,然后根据相应的价格指标体系对这些资源要素进行价格核算,最终获得该学区的基本教育经费投入。专家评估法通过明确取得高标准学业成就所需的各类投入要素,并根据物价、学生需求以及学校规模等进行调节测算,易于理解和推广。该方法缺点在于,专家对教育策略、影响要素以及学生学业成就的评估是一种模糊认识,而且带有主观判断上的差异。[11]

在教育财政充足模式的指导下,美国各州分别采用不同的方法对教育经费投入进行测算,如威斯康星州和德克萨斯州使用成本函数法,而马里兰州使用示范学区法,肯塔基州则采取专家评估法。这些州的测算结果都显示,各州均需要增加教育经费的投入。因而,美国教育财政充足模式的实施被形容为:"为执行联邦政府的《不让一个孩子掉队法案》提供了成本"[12]。

教育财政充足性拨款模式的不足之处是,州政府的教育补助没有考虑到地方学区的教育努力程度。州政府允许财力富裕的学区在达到基本教育水准之外,可以增加额

---

[11] 王瑜. 美国基础教育财政公平保障体系述评[J]. 教学与管理,2014(9):152-156.
[12] 方芳. 评述美国"教育财政充足"的发展[J]. 比较教育研究,2010(1):67-71.

外的教育经费以提高学区教育质量。

4. 保障税基计划(guaranteed tax base programs)

该计划属于学区能力均等化(District Power Equalization)的补助形式,是针对基准计划实施过程中地方学区之间财产值的不均等而提出的,旨在促进学区之间财政能力的均等化。其拨款公式为:某学区所得州补助额＝学区财产税率×(生均保障税基－学区生均税基)×学区学生人数。学区财产税率指学区内交纳的房地产税额占房地产市场价值的比例;生均保障税基指州政府统一制定的生均房地产市场价值;学区生均税基指学区内生均房地产市场价值。

在该模式中,学区获得补助经费的数额与学区的税基与税率都相关。在税基相同的情况下,税率越高,得到的补助款就越多,有助于提升学区的教育努力程度;而在税率相同的情况下,学区生均税基越高(不高于州政府的生均保障税基值),得到的补助款越少,有助于平衡学区间的财政能力。该模式既有助于促进教育财政的均衡,也考虑到了地方学区的教育努力程度。

5. 基准补助与保障税基补助组合计划(combination foundation-GTB programs)

基准补助与保障税基补助组合计划综合了基准补助与保障税基补助两种模式的优势。基准补助部分可以保障各学区有一致均等的教育支出,保障各学区均能达到基本的教育水平,特别是在教育财政充足性原则的影响下,有助于提升各学区的义务教育支出水平,从而达到高标准学业要求;而保障税基补助部分有助于激励地方政府增加义务教育财政支出,追求教育的卓越发展。

美国非常重视促进州和地方拨款的公平性。奥巴马政府一再呼吁州和学区将资金更加公平地分配给最有需求的学校。《每一个学生都成功法案》提出一项试点计划"学生经费加权分配"(weighted student funding),该计划也体现在奥巴马政府2016财年预算中。根据该计划,各学区必须基于每个学生的实际开支,将州与地方的资金公平分配给各自最贫困的学校。各学区获准采用更灵活的方式,配置和使用联邦教育经费[《初等和中等教育法》里第一条款(Title I)计划以及其他联邦方程式资金(federal formula funds)],以改善贫困学生的学业成就。法案要求公布学校一级的实际支出,从而让公众首次能够看到联邦、州以及地方分配给每所学校的资金数额。

(二) 英国:需求导向拨款模式

英国于1988年颁布的《教育改革法》确定了将资源配置与学生数量相结合的教育

拨款导向,这一政策影响至今。《教育改革法》颁布后,英国通过采取多项举措,以保证教育经费能够切实满足不同地区的教育需求,实现教育经费的均衡配置。

第一,教育拨款以中央财政为主(占60%左右)、地方财政为辅(占40%左右),以缓解在地方教育财政为主背景下出现的一些贫困地区教育经费匮乏的情况。

第二,教育与技能部通过教育专项转移支付,直接资助薄弱地区和薄弱学校的教育改革项目。例如,2003年原教育与技能部资助伦敦市内5个低学业成就市镇开展"伦敦挑战"项目,提高中等教育的质量。

第三,各地方教育局制定的学校经费分配方案必须公开透明,并遵循教育与技能部制定的基本原则。地方教育局每年制定的预算以及每年的实际分配方案都要上报,并对其拨款公式做出说明,需要确保地方教育局的预算至少有85%用于学校,每所学校有80%的预算费用取决于在校生人数和年龄。

第四,各地方教育局和学校必须接受外部审计监督。会计事务所每年对地方教育局和学校进行成本核算,促使学校提高经费的使用效益。

上述四个方面的举措,旨在确保教育拨款能够满足不同地区、不同学校的教育需求。

三、探索办学模式的多样化改革

不断提升教育质量、促进教育均衡发展,是当前世界各国普遍面临的重要问题。为此,除了从立法保障、改进拨款方式等方面努力外,许多国家积极开展教育体制方面的改革,如探索办学模式的多样化,引入市场化教育机制等,以促进教育的衡量发展和质量提高。

(一)探索多样化办学

在推进办学模式多样化方面,美国、英国、新加坡都积极进行了一些探索,如美国的小型化学校改革、英国的特色学校计划以及新加坡的特色教育项目。

1. 美国:小型化学校改革

为了改进基础教育质量薄弱的状况,切实提高教育质量,美国启动了缩小学校规模的"小型化学校"(Small School)改革举措。小型化学校能够给学生提供更亲切的学习环境,充分满足特定学生的需要,具有学生人数少、自治性强、针对性强、课程具有综合性、社会参与度高、重视教育公平和学业均衡等特征。[13]

早在 20 世纪 70 年代,美国纽约市就启动了"小型化学校运动"。1974 年,黛博拉·梅尔在纽约市哈莱姆东区创建了中心公园东校,这是一所由教师自主管理的学校,由此拉开了美国公立小型化学校运动的序幕。2002—2008 年的 6 年时间里,纽约共兴办了 216 所"小型化学校"。[14] 随后,美国公立高中的小型化学校改革也推进得有声有色。盖茨基金会(Bill & Melinda Gates Foundation)在 5 年时间内投资 10 亿美元,对波士顿、芝加哥、密尔沃基及其他城市的 2 000 多所高中开展小型化学校建设。改革后的小型化高中多采用扁平化的组织模式,由校长和数名工作人员直接领导、管理整个学校,从而将决策权下移,让任课教师拥有充分的自主权,并对结果负责,建立以教师责任制为特征的班级团队组织形式。同时,小型化高中强调以学生为中心的项目学习形式,引导学生围绕问题进行学习。此外,小型化高中还积极拓宽学校经费来源,吸收民间和私人捐助。

小型化学校在改进教育质量、推进教育机会平等方面具有明显优势。数据表明,改建后的小型化学校的学生学业成绩,明显优于其前身的大规模学校。当然,大规模学校并非没有优势,它能够为学生提供更为广泛和多样的课程。小型化学校改革面临诸多问题和挑战:第一,规模效益及边际成本问题,学校规模变小,整体的教育成本势必增大;第二,教育法律的适用性问题,原有法规和政策是基于规模较大的学校制订的,小规模学校是否适用是个问题;第三,校内和校外利益集团是否重视提高学生学业成绩的问题;第四,小型化学校改革给教师带来的挑战,如工作时间延长,精力投入加大;第五,与小型化学校改革相关的基础设施配套问题。[15] 当然,改革是一项系统工程,任何改革都会涉及一系列的挑战和调整。

2. 英国:特色学校计划

1994 年,英国政府启动特色学校计划(Specialist Schools Programme,SSP),以提高中等教育的质量。该计划主要包括以下三方面的内容:第一,由学校作为主体,主动提出成为特色学校的申请。申请者需要制订一个为期三年的发展规划,以保证预期目标的实现。特色学校申请获得批准后,学校将会得到由政府拨付的首批资助经费。特色学校以三年为一个建设周期,每一个周期结束之后需要重新认定是否符合特色学校

---

[13] 翁伟斌. 美国"小型化学校"的改革与发展[J]. 外国中小学教育,2006(7):36-40.
[14] 方兆玉. 美国高中:大学校小型化[J]. 上海教育,2014(2):51-53.
[15] 李进忠. 美国学校规模小型化:政策、研究与实践[J]. 全球教育展望,2004,33(2):78-80.

的要求。第二，学校要从12个特定科目中，选择1-2个作为学校未来重点发展的特色项目，通过发展特色项目来带动其他学科教学成绩的提升，进而达到实现学校办学目标和提高教育质量的目的。第三，帮助学校与私营资助机构建立良好的伙伴关系，同时政府给学校提供额外支持。项目实施初期，所有申请成为特色学校的中学，需要从其合作伙伴那里争取到10万英镑的资助经费。1999年以后，该资助经费标准降低为5万英镑。倘若学校在寻求资助时遇到困难，可以获得各类相关基金的支持。[16]

2004年英国教育与技能部在《儿童与学习者五年战略规划》中，提出在中学阶段普及特色学校的目标，力争把每一所学校都建设成为卓越的课程中心。[17] 其中，高绩效的特色学校还应发挥示范和引领作用，帮助其他学校获得发展。

3. 新加坡：特色教育项目

特色教育项目是新加坡在全国所有中小学校推广的，具体包括中学阶段的"应用学习项目"和"生活教育项目"以及涵盖中小学阶段的"学生培育小组项目"等。新加坡重视特色教育，超过70%的中学设有专长项目。新加坡致力于中学形态的多样化发展，在每个学区建设不同特色的中学，以便给予学生和家长更多的教育选择权。近年来，新加坡积极推进"应用学习项目"和"生活教育项目"，以加强教育与生活的广泛联系，促进知识的学习和应用。这两个项目对学校的核心教学起着辅助、支撑和拓展作用，有利于学生的全面进步和长远发展。新加坡政府为全国每所中学每年投入约10万新元，帮助学校在2017年底之前落实这两个项目。

此外，新加坡要求全国所有中、小学校最迟在2016年成立"学生培育小组"，目的在于更好地发展每一位学生的潜能和素质，因材施教，确保所有的学生都可以取得进步并有所成就。学生培育小组由学校副校长领导，各班级的班主任和年级主任共同参与、共同合作，监测学生的发展需要，以便有效协调各方面的资源，更加系统化地帮助学生成长，例如为学生规划学业发展，设计并组织针对性的辅导项目，培养学生价值观，从而全方位培养学生。[18]

（二）引入市场化机制

引入市场化机制是世界上一些国家教育发展的重要特征，其目的在于以竞争带动

---

[16] 蔡振国.英国薄弱学校改进模式研究[J].中国教师，2012(5)：73-77.
[17] Department for Education and Skills. Five Year Strategy for Children and Learners[R/OL]. 2004-07[2016-02-20]. http://www.educationengland.org.uk/documents/pdfs/2004-five-year-strategy.pdf.
[18] 孙兴华,马云鹏.兼具深度广度：新加坡基础教育改革的启示[J].外国教育研究，2014(6)：68-78.

学校教育质量的提升,提高学校的竞争力。

1. 英国:独立学院、自由学校与信托学校

独立学院与自由学校是英国公立学校改革的产物,旨在增强学校的自主性,以改进学校办学质量,提高学生的学业成就。独立学院与自由学校虽然都属于公立民营的学校,但在办学性质上又有些许不同。

(1)独立学院

独立学院(Academy)[19]是由英国公共资金资助的独立学校。2000年,英国新工党政府启动了"学院化"改革计划,其初衷是把市中心等弱势地区的低绩效中学转型成为独立学院,以改进办学绩效。独立学院主要由中央政府直接出资,具体负责学院运营的则称为学院信托机构(academy trust),承办人可以是企业、大学、其他学校、教会人士或志愿组织(voluntary group)等。与公立学校相比,独立学院在经费、课程设置和教师聘任方面拥有更大的自由,特别是课程设置上不需要采纳国家课程,并能够自主决定学期时长;但其在招生、提供特殊教育服务以及开展"全纳教育"等方面仍要与其他公立学校遵循同样的标准。[20] 独立学院在学校管理、课程内容和教学方法等方面谋求创新性举措,以实现提升学生学业成就的目标。

2002年9月,首批3所独立学院成立,之后其数量逐渐增加。在2010年5月25日的女王演说(Queen's Speech)中,教育大臣麦克尔·戈夫(Michael Gove)提出《独立学院法案》(*Academy Act*),要求保证更多的学校转型成为独立学院,并赋予独立学院更多的自由和灵活性。此后,独立学院的性质发生一定的转变,不再针对那些低绩效学校,任何被教育标准办公室(Office for Standards in Education, Children's Services and Skills, Ofsted)[21]认定为"杰出"的学校,都可以转型成为独立学院。同时,学院化的对象也不再限于中学,小学也可以转型成为独立学院。之后,独立学院获得快速发展。截至2014年6月,英国共有3 922所独立学院。[22] 随着学院数量的增加,学院化改革的初衷已经发生改变,由最初的改进薄弱学校转变为实现公立学校的转型,为公立中小学校引入竞争和创新机制,提升学校教育质量。

对于学校如何转型成为独立学院,英国教育部网站专门为学校设立了具体指引。

---

[19] 学校转型为学院后,拥有充分的办学自主权,较少受地方教育当局的控制,颇具独立性,因此这里将其译为"独立学院"。
[20] UK Department for Education:Academies[EB/OL]. 2016-01-05[2016-02-10]. https://www.gov.uk/types-of-school/academies.
[21] 全称为"教育标准、儿童服务与技能办公室",但国内学者一般直接将其译为"教育标准办公室"。
[22] Sandra McNally. Schools:Organisation, Resources and Effectiveness[A]. Robert Cassen, Sandra McNally, Anna Vignoles. Making A Difference in Education:What the Evidence Says[M]. Routledge. 2015:64.

2015年，英国教育部还设立了"连锁初级学院发展基金"(primary academy chain development grant)，对由若干所（至少三所）小学转型为连锁型独立学院的项目给予经费支持。这些连锁型独立学院由一个共同的信托机构负责运营，各学院可以共享师资、课程等教育资源以及各项教学设施，互通教育及管理经验。

当前，英国中小学校的"学院化"改革正在持续推进。根据英国教育部于2016年3月发布的《卓越教育无处不在》(*Educational Excellence Everywhere*)白皮书，英国将在接下来的五年时间加大改革力度，扩大学校的办学自主权，力争将每一所学校"学院化"，以实现"卓越教育无处不在"这一目标。

（2）自由学校

自由学校(Free School)在本质上是一种特殊的独立学院，两者的区别主要在于，独立学院是由原有学校转型而来，而自由学校则是由一些不满意当地教育状况的家长和教师及其他机构（如大学、慈善机构、商业机构、志愿团体）申请开设的新学校。只要有需求，他们就可以通过一定的申请程序来开设自由学校，甚至不需要得到地方教育当局的首肯。

自由学校的办学资金仍由中央政府承担，但需要确保提供优质教学，且入学不以学业成就为标准对学生进行选拔，从而使来自不同背景、具有不同能力的学生都能够提高学业成就。自由学校的"自由"之处主要表现在：①可以自行决定员工的薪酬与待遇；②可以改变学期长短以及每日教学时长；③可以不采用国家课程；④不受地方教育当局控制，学校对预算有更大的自主权。当前，英国自由学校主要包括两个类型：大学技术学院(University technical colleges，UTCs)与工作室学校(studio schools)。其中，大学技术学院主要由大学、雇主和继续教育学院承办，以工程和建筑等为学科特色，并教授一些商业技能与IT技术。学生在学术科目之外，会学习一些实践性学科进而获得技术资格认证。工作室学校则是小规模学校，大多在300人左右，通过开展项目学习(project-based learning)的形式，让学生习得当前社会的主流应用技能。[23]

（3）信托学校

为增加教育服务的多样性，实现每个孩子都能接受卓越教育的目标，2005年英国发布教育白皮书《为了所有学生：更高的标准，更好的学校》(*Higher Standards, Better Schools for All*)，提出建立信托学校(Trust School)的愿景：使每所学校成为一个自我管理的信托学校，通过与社会机构建立合作，赋予学校更大自主权等措施，获得像独立

---

[23] UK Department for Education: Free Schools[EB/OL]. 2016-01-05[2016-02-10]. https://www.gov.uk/types-of-school/free-schools.

学院那样的成功办学经验。2006年《教育与督导法》(Education and Inspections Act 2006)的颁布标志着信托学校政策的正式实施。信托学校主要由地方政府提供办学资金,并由信托机构进行管理,这些机构包括慈善组织、大学、继续教育机构、志愿团体以及其他学校等。与特色学校、独立学院等相似的是,信托学校享有广泛的自主权。而最大的不同则在于,信托学校与外部伙伴之间的合作关系必须是稳定的和长期的,合作伙伴也要参与学校的领导与管理活动,对学校的未来发展负有责任。如果说独立学院与合作伙伴之间更多是赞助关系,那么信托学校与合作方之间则是明确的信托关系,信托机构需要为学校的管理和发展提供帮助与支持。[24]

2. 美国:教育券计划和特许学校

美国的教育市场化改革,主要体现在教育券计划的推行以及特许学校的建设。两者的共同目的都在于:一是提高公立学校的教育质量;二是增加弱势群体的教育选择权,保障学生平等接受优质教育的机会。

(1) 教育券计划

20世纪80年代末,美国着手实施"教育券"(Education Voucher)计划。政府将投入公立学校的教育经费按学生人数折算后,以有价证券的形式发放给家长和学生。如此一来,学生及其家长既可以打破公立学校就近入学[25]的限制,亦可以选择私立学校就读,自由选择学校,用教育券抵充部分或全部学费。学校凭借所收教育券的面额到相应的政府部门兑换成资金。教育券计划的本质在于,通过提供资金补助,保障学生及其父母——尤其是低收入等弱势群体学生及其父母——的"择校"权利。教育券计划以政府资金为诱饵,带动公立学校之间以及公立学校与私立学校之间的竞争,以期提升公立学校的教育质量;同时,教育券计划有助于保障弱势群体学生的教育选择权。

1990年,美国威斯康星州密尔沃基市率先实施教育券计划,符合资格的学生可领取政府发放的教育券,凭券自由选择进入政府认可的学校(公立学校或私立学校)就读。1995年,俄亥俄州的克利夫兰市(Cleveland)也开始推行教育券制度。1999年春,经过佛罗里达州议会的批准,佛罗里达州成为美国第一个在全州范围内实施教育券计划的州;科罗拉多州紧随其后,第二个在全州范围内推行教育券计划。2004年,美国参议院批准了华盛顿地区的教育券计划,这是美国第一次用联邦资金资助的教育券计划,也是第一次通过国会立法来实施教育券计划。此后,由国会通过、联邦资助的教育券计划逐

---

[24] 张羽寰,孟伟,李玲.从"特色学校"到"自由学校"——英国多路径改进薄弱学校政策述评[J].上海教育科研,2012(6):31-34.
[25] 美国基础教育阶段的公立学校实行就近入学,一些有特殊规定的选拔性学校除外。

渐增多。2005 年，美国国会通过了由时任总统布什提出的"一揽子教育资助计划"，通过教育券的方式资助卡特里纳地区；同年 11 月美国参议院批准了"卡特里纳教育券项目"，决定拨款 16 亿 6 千万美元。[26] 截至 2012 至 2013 学年，美国有 12 个州以及华盛顿特区推行教育券计划。[27]

在实践中，美国各州并没有向全体学生普遍发放教育券。教育券计划针对的是那些无法在普通公立学校接受适合教育的学困生，让他们可以选择更具针对性的其他公立学校或私立学校就读。此外，教育券计划也直接面向低收入群体，让这些家庭的孩子可以享受更高水平的教育，以弥补他们家庭起点的不足。可以说，教育券计划的实施，有力地保障了弱势群体学生享有更多的教育选择机会。但与此同时，反对教育券计划的声音十分强大，这也是大多数州没有推行的原因。批评者认为，教育券计划实际上削减了公立学校的预算，影响到大多数学生的教育品质；而且，用教育券补贴私立学校，等于将公共资金用于营利活动，有失公平公正。[28]

（2）特许学校项目

在探索实施教育券计划的同时，美国一些州开始推行特许学校制度，为学生接受教育提供更多选择。特许学校是由公共资金支持但由私人或私立机构管理的学校，主要由地方教育部门与学校举办者（包括私立机构、个人等）签订合同，委托其管理。与其他公立学校相比，特许学校一般具有如下几个特点：一是办学性质属于公立学校，与政府签订"特许状"，接受政府的教育拨款；二是绩效责任与自主权并重，特许学校必须对绩效负责，同时拥有人事权、课程设置权、学校管理权；三是特许学校重视学生的学业成绩，政府依据学校的学业成就状况，决定是否与学校续签"特许状"；四是特许学校一般规模较小，采取小班化教学；五是特许学校通常面向社会中、下阶层，体现教育平等。[29]

1991 年，明尼苏达州率先通过第一部《特许学校法》，至 2011 年，全美已经有 42 个州与哥伦比亚特区都通过立法支持公立特许学校的发展。特许学校在改进美国公立学校教育质量、丰富公立学校办学模式方面发挥了积极的作用。自特许学校制度实施以来，美国历届政府都对特许学校持支持的态度。截至 2015 年，美国教育部已经向特许学校项目（Charter School Program）拨款超过 30 亿美元。教育部于 2015 年向各州教育部门发布《致同事信》，为各州有效地开展特许学校项目提供指导。[30]

---

[26] 隋莹. 美国教育券制度的实施状况探析[D]. 东北师范大学，2008.
[27] 陈一鸣. 美国教育券 20 多年争议：能否促进教育公平?. 人民日报，2013-08-11(2).
[28] 同上.
[29] 黄承华. 美国特许学校考察报告——试论建立中国特许学校的政策取向[J]. 南方论刊，2014(5)：37-41.
[30] Charter Schools Program State Educational Agencies(SEA) Grant [EB/OL]. [2016-02-24]. http://www2.ed.gov/programs/charter/index.html.

四、多渠道并举提升师资水平

教师质量是影响教育质量及其发展的一个重要因素。世界各国普遍采取多种举措加强教师能力建设,促进教师有序流动。

(一)加强教师能力建设

加强教师能力建设,提高教师的教学水平和管理能力,是有效利用教育资源、实现学校内部生态良性发展的关键。英国、美国和韩国等都采取积极举措加强教师能力建设。

1. 英国的举措

英国政府采取一系列措施,加强教师能力建设,促进教师专业水平持续提升。

(1)教学优先计划

2002年,英国启动"教学优先"计划(Teach First),以提高薄弱学校的师资能力,改善薄弱学校的教育质量。"教学优先"这一带有慈善性质的社会机构通过与各名牌大学合作,并积极争取各地教育行政部门的支持,招募优秀的大学毕业生到薄弱学校任教两年。经过十多年的发展,"教学优先"计划吸引了多个慈善组织与社会团体的参与,其工作人员主要由来自企业界和教育界的热心教育公益事业的人士组成。如今,"教学优先"已经发展成为英国最大的毕业生招聘单位,在英国教育均衡发展和优秀教师培养中扮演着举足轻重的角色。[31]

(2)国家挑战计划

2007年,英国发布"国家挑战"计划(National Challenge),旨在改造薄弱学校,提高教育质量。该计划提出,到2011年,实现每一所中学至少有30%的学生在五门学科(必含英语和数学)GCSE考试[32]中成绩达标;同时规定,薄弱中学如果不能提高教育质量,则面临关闭的危险。

"国家挑战"计划为全国的薄弱学校提供全面的支持,包括:向薄弱学校投入巨额资金支持;为这些学校的学生提供更多的一对一辅导和学习支持(英语、数学两科);为薄弱学校的学科教学带头人提供更多支持;组建"专家顾问团"为薄弱学校提供支持;注重

---

[31] 丁丹. 英国"教学优先计划"与我国"特岗计划"的比较研究[D]. 华中师范大学,2015.
[32] GCSE 英文全称是 General Certificate of Secondary Education,即"普通中等教育证书",是英国所有完成中学第10和11年级教育的学生都要参加的统一会考。之后学生可以接受 A-level 阶段(Advanced Level,相当于英国高中)课程的学习,然后才是进入大学学习。

以高水平师资引领学校发展,地方教育部门在安排"高级技能教师"(AST)时优先考虑这些学校。[33]"高级技能教师"不仅教学能力突出,而且具备培训同行、给同行提供专业支持的能力。可以看出,"国家挑战"计划为薄弱学校提供了全方位的帮扶措施,尤其重视提升校长的办学水平和教师的教学能力。

2. 美国的举措

（1）人人享有卓越教师计划

2014年7月,美国联邦教育部推出"人人享有卓越教师计划"(Excellent Educators for All Initiative),以帮助各州和学区培训卓越教师,使所有学生都能够接受高水平教师的教育。该计划主要包含以下三个部分。[34]

教育者公平综合计划:美国联邦教育部要求,各州要在分析州教育数据的基础上,与教师、校长、学区负责人、家长以及社区机构共同制定该州的"教育者公平综合计划"(Comprehensive Educator Equity Plans),以期提升全体教师的专业素养,保证每个学生都有机会受教于高水平教师。

教育者公平支持网络:"教育者公平支持网络"(Educator Equity Support Network)是由联邦教育部投资420万美元建立的技术支持系统,旨在帮助各州和地区开发并实施有效的"教育者公平综合计划"。该支持网络是教师讨论课堂问题、分析课堂经验的平台,为各学校尤其是薄弱学校教师的专业成长提供支持。

教育者公平档案:"教育者公平档案"(Educator Equity Profiles)的主要目的,在于赋予地方以更大的空间和作为来提升教师专业素养,并为各州实施教育者公平计划提供帮助。联邦教育部公开教师公平状况的相关资料,帮助各州确定其在为低收入和少数族群学生提供优质教学方面还存在哪些差距,并确保那些亟待发展的薄弱学校能够成功招聘并留住高专业水准的教师。此外,各州还可以从美国民权数据中心(Civil Rights Data Collection, CRDC)获得详细的数据,以把握地方学区存在的教育不公平状况,并进而制定相关策略以促进教育的公平。

（2）教学领导项目

"教学领导"(Teach to Lead)项目是由美国联邦教育部、国家教学标准专业委员会

---

[33] 李茂. 出台"国家挑战"计划,3年投入4亿英镑——英国重拳治理薄弱中学[N/OL]. 2008-06-23[2016-02-18]. http://www.jyb.cn/world/gjgc/200806/t20080623_172942.html

[34] New Initiative to Provide All Students Access to Great Educators, U. S. Department of Education Launches 'Excellent Educators for All Initiative'[EB/OL]. 2015-07-07[2016-02-21]. http://www.ed.gov/news/press-releases/new-initiative-provide-all-students-access-great-educators

(National Board for Professional Teaching Standards)以及督导与课程开发协会(Association for Supervision and Curriculum Development,ASCD)于2014年共同推动的,旨在突破教师单一的教授者的角色,发挥教师作为领导者的教师领导力,从而促进学生的成长。[35] 教学领导项目传递了一个重要信息:教师是教学领域一线专家,因而能够在教育政策的制订、实施以及教育实践的生成等过程中发挥领导作用,并进而采取系统性举措改进学生的学习。

"教学领导"项目聚焦于教师领导力,旨在通过区域性教师领导力峰会、各地的教师领导力工作室(Teacher Leadership Labs)等形式,拓展教师发挥领导力的途径和机会,帮助教师在教育政策制订和教育实践生成中发出自己的声音,综合采取多种措施,创新方式方法,以系统性改进的方式促进学生的学习。美国联邦政府发布的《2017年度财政预算》计划为"教学领导"项目拨款1 000万美元,用于资助教师开展创新性变革实践,借此改善学生的学业成就。[36]

(3) 尊重项目及最佳工作项目

2012年,美国教育部启动旨在提升教师专业素养的"尊重项目"(Respect Project)。该项目关注教师培训质量的提高,增加对教师早期职业生涯的援助,从而提高全国范围内教师的专业水平,使教师成为全美最受尊敬和得到最多支持的职业。

在"尊重项目"的基础上,2016年联邦政府提出"世界最佳工作"项目(Best Job in the World),计划在2017年投入10亿美元,资助各州尤其是那些急需优秀教师的薄弱地区,解决优秀教师招聘及留任困难的问题。[37]

(4) 领导者革新项目

对于低绩效学校而言,领导者是否拥有足够的能力是学校改进的关键。"佛罗里达领导者革新项目"(Florida Turnaround Leaders Program,FTLP)是美国各州中最大的低绩效学校领导力改进项目。该项目于2012年春季正式启动,共有118位参与者(其中100位来自公立学校,18位来自特许学校)。基于"引领学校革新行动理论"(Theory of Action for Leading School Turnaround),项目参与者需要养成十项能力:①分析低绩效学校,认清学校的现状与问题;②构筑学校发展愿景,以高期望引领师生前行;③推动教师有效地教与学生有效地学,确保教与学的有效性;④规划学校课程体系,确保课程

---

[35] Teach to Lead [EB/OL]. [2016-02-20] http://teachtolead.org
[36] President Obama's 2017 Budget Seeks to Expand Educational Opportunity for All Students [EB/OL]. 2016-02-09 [2016-02-27]. http://www.ed.gov/news/press-releases/president-obamas-2017-budget-seeks-expand-educational-opportunity-all-students
[37] 更多内容参见美国教育部网站。Fact Sheet: Best Job in the World [EB/OL]. 2016-02-12 [2016-03-02]. http://www.ed.gov/news/press-releases/fact-sheet-best-job-world.

的严谨性和一致性;⑤营造高效能的学校组织环境;⑥规划并管理学校变革的过程,推动学校变革有序推进;⑦推动组织变革和教师专业发展;⑧实施教学领导,提升学生学业成就;⑨赋予特许学校在管理上的灵活性和自主性;⑩持续推动学校变革,促进学校不断发展。[38]

领导者革新项目为期两年半,期间主要开展了 10 次区域性或全州范围内的研讨会,对项目参与者进行理念与技能方面的培训。此外,项目参与者需要进行网上课程的学习,借以巩固并拓展研讨会的培训内容;他们还需要参加相关的实地考察活动。不仅如此,项目参与者要完成两类实践活动:一是领导实践实习(Practicum),二是为期一个学期的代理校长实习(Internship)。[39] 领导实践实习在项目开始后的半年内进行,参与者 4 人一组被分配到当地的一所低绩效学校,他们有 5 个月的时间不断走访这所实习学校(Practicum school),与学校教师进行沟通和交流,搜集并分析学校的各类数据,找出学校存在的问题及其根源,进而完成案例研究报告。项目组会对案例研究报告进行分析和反馈,引导这些参与者围绕问题制定改进政策和措施。最后,项目参与者与实习学校校长就研究报告进行交流,并共同制定学校改进计划。在案例学校实习期间,实习者需要进行课堂观察,并与学校教师定期会谈,以评估学校课程的严密性与完整性;同时,实习者要熟悉学校的课程编排体系,并对其进行分析,思考如何为学校教师创造更多的时间和机会进行教学交流。

代理校长实习是在项目实施的第二年进行的,参与者以代理校长的身份在实习学校进行历时一个学期的实习。在这期间,参与者需要与实习学校校长共同制定 90 天的学校改进计划。待实习结束时,参与者需要对这一改进计划进行评估。同时,参与者需要对实习学校"课堂研究"(Lesson Study)[40]的有效性进行评估,开展以课堂研究为载体的教师专业发展活动。最后,参与者需要对自己 90 天的领导实践和工作情况进行总结。

3. 韩国的举措

韩国加强教师能力建设的举措,主要体现在提升教师培训质量方面。2008 年,韩国教育人力资源部发布新的教师培训细则,以提高全国中小学教师的专业能力和教学水

---

[38] Daniel L Duke. A bold approach to developing leaders for low-performing schools[J]. Management in Education, 2014, Vol. 28 (3):80-85.
[39] Daniel L Duke. A bold approach to developing leaders for low-performing schools[J]. Management in Education, 2014, Vol. 28 (3):80-85.
[40] "课堂研究"是指由教师共同设计并改进课堂的教学研究活动,类似于我国以集体备课为特点的教研活动。佛罗里达州要求所有公立学校都要开展课堂研究活动。

平。新修订的教师培训标准主要实现了四个方面的突破。

首先,在培训内容上,规定了校长参加培训的时间由每年至少 30 天(或 180 小时)增加到 50 天(或 360 小时);增加实践性的在岗培训项目,帮助校长提高领导能力和管理水平。

其次,在培训机构上,放宽对教师培训机构的限制,改变大学在教师培训领域一统江山的局面。任何培训机构,只要具备足够的师资、设施、完善的培训计划,都可以开展中小学教师培训工作。

再次,在培训形式上,增加远程培训形式,由韩国广播通信大学设立一个远程教育培训机构,满足教师学习英语和计算机的需求。普通培训机构经政府评审合格后,也可以提供在线培训项目。

最后,在培训课程上,改变过去由培训机构自主开发培训教材以及培训教材质量参差不齐的现状,转而开发标准培训教材,并增加课程的互动性,以便教师获得更为实用的技能。[41]

在加强教师能力建设的过程中,充分发挥学校外部专业机构和专业人士的智慧和力量是提升教师质量的重要举措之一。前述英国的"国家挑战计划"、美国的"人人享有卓越教师计划"以及韩国的教师培训质量提升项目,都注重吸收社会层面不同教育力量,尤其是专业机构和专业人士的参与。

(二) 实施教师流动制度

师资水平是影响教育质量的关键因素之一。师资配置均衡与否,从根本上影响着教育均衡发展的目标能否实现。为了保障不同地区教师质量的均衡配置,许多国家和地区实施教师流动制度,其中尤以韩国和日本的教师流动制度最为成熟。

1. 韩国的教师流动制度

为解决基础教育发展过程中不同地区差距日益增大的问题,保障学生公平接受有质量的教育,韩国于 20 世纪 70 年代开始实施教师流动制度。在韩国,所有教师每隔 2-5 年,都要在本地城乡学校之间进行流动,以缩小不同地区或学校之间师资水平的不均衡差距,从而带动教育的均衡发展。韩国将公立学校教师的身份确定为国家教育公务员,教师工资由中央财政负担并统一发放。而教师工资待遇与福利的均等化,也在一定程度上保障了教师流动制度的顺利实施。

---

[41] 李震英.韩国教育公平政策走向[J].基础教育参考,2010(1):28-31.

韩国实施教师流动制度的主要目的在于保障薄弱地区的教育质量。为了鼓励教师支持薄弱地区教育的发展，促进城市与岛屿、偏僻地区及农村、渔村等地区师资的均衡配置，韩国政府规定，给岛屿、偏僻地区教师优先进修培训的机会，并由地方自治团体支付教师进修培训所需经费。同时，政府要求新进教师必须先在岛屿、农村、渔村等边远偏僻地区学校任职，然后才有机会通过定期轮岗，流动到城市学校任教。此外，韩国还按照地区级别的不同，向教师支付岛屿、偏僻地区津贴。例如，对偏远地区学校的教师，每月支付10万韩元的住宅补助津贴。[42] 韩国政府旨在通过上述种种措施，促进师资的均衡配置。

2. 日本的教师流动制度

像韩国一样，日本也积极推行教师定期流动制度。日本政府一方面致力于确保中小学各校间拥有一致、均衡的教学设施及设备；另一方面，在师资方面则要求校长及教师必须定期流动，以消弭重点学校及普通学校之分，促进各学校之间的均衡发展。不仅如此，教师定期流动制度的实施，还有助于校际之间教育教学经验的交流，并进而提升教师的专业水平。

日本教师的定期流动制度肇始于第二次世界大战后初期，迄今已实施60余年，日趋完善。教师流动是促进校际之间师资均衡配置，保证校际之间教育乃至整个日本教育均衡发展的关键途径。日本的《国家公务员法》和《教育公务员特例法》规定，中小学教师为地方公务员，中小学教师的定期流动属于公务员的人事流动范畴。日本《关于地方教育行政组织及营运法律》等法规对教师流动的年限、流动的待遇等做出了具体规定，一位教师在同一所学校连续工作不得超过5年。这就以法律形式规定了教师流动的义务性，使得教师基本处于流动的常态。日本每年约有四分之一的教师流动更迭，一位终身从事教师职业的人，整个工作期间可能会调换7所左右的学校。

日本实施中央、都道府县和市町村三级管理：中央设有文部科学省，主要负责全国性教育基本标准的设定；都道府县设有教育委员会，具体负责本区域的教育领导与管理工作，并拥有校长、副校长及普通教师的任用权限；市町村级的教育委员会则拥有中小学的营运权责。日本的教育行政体制大体上属于地方分权制，但中央与地方在教育政策上是高度一致的。一方面，中央文部科学省尊重地方教育治理的权限，另一方面，地方也遵从文部科学省制订的全国性的标准和政策。就教师流动政策而言，各都、道、府、县在主要方面——人事调动的基本原则及审批权限，教师任职年限的规定，教师流向偏

---

[42] 教师轮岗：我们跟韩国学什么？[J]. 亚太教育，2015(2)：10-11.

僻地区学校的照顾措施等是一致的。1956年颁布的《关于地方教育行政组织及营运法律》将教职员任用的权力,由市、町、村级移交给都、道、府、县一级。自此,日本的教师定期流动制度超越原来的市町村一级的限制,在更广大范围的都道府县区域内流动。

配合教师流动制度的实施,日本于20世纪50年代颁布了《偏僻地区教育振兴法》。依据该法,日本所有学校都可以根据偏僻程度划入特定等级中,从而为教师在不同级别的学校之间流动提供了依据。同时,为吸引教师流动到偏僻地区工作,日本政府采取一系列措施提高在偏僻地区工作教师的待遇。例如,上述法律规定,市、町、村应采取必要的措施协助"在偏僻地区学校工作的教员及职员"建造住宅及谋取其他生活福利;都、道、府、县要给在偏僻地区学校工作的教职员发放"偏僻地区津贴"。此外,教师还享有其他形式的津贴,如寒冷地区津贴、单身赴任津贴。

日本教师定期流动制的成功实施,很大程度上得益于其完备的政策与支持体系,以法规的形式明确教师流动的义务性、流动的定期性、流动者的待遇等,并进行规范化、制度化的操作。教师定期流动制度的实施,在提高教师专业素养、合理配置人力资源、促进教育均衡发展等方面起到了积极的作用。

五、实施针对性的教育补偿计划

薄弱地区教育质量低下以及弱势群体学生学业成就不足,既是世界各国普遍面临的一个重要问题,也是各国推进教育公平、优化教育资源配置需要解决的一个难题。对此,许多国家实施专项教育补偿计划,有针对性地解决薄弱地区、薄弱学校和弱势群体的教育问题。

(一)薄弱地区扶助计划

受地理环境、历史变迁以及经济发展等因素的影响,世界各国大都存在范围大小不等的薄弱地区,而这些薄弱地区往往又是教育发展水平落后的重灾区。一方面,经济落后导致当地教育发展缺乏足够的资金支持;另一方面,教育水平低下又进一步制约着当地的社会经济与文化发展。因此,世界各国纷纷针对薄弱地区开展教育发展扶持行动。

1. 美国:农村教育成就项目

美国对薄弱地区、薄弱学校和弱势群体学生的补助政策源于20世纪60年代,以美国经济机会署(Office of Economic Opportunity)为代表的联邦政府部门,倡导在全美范围内实行"补偿教育"计划,主要从增加财政拨款、改善教学条件、提高教育质量等方面入手,为处境不利地区学生特别是少数族群学生提供优质教育。1965 年的《中小学教育法案》(Elementary and Secondary Education Act,ESEA)提出,联邦政府应资助低成就学生群体占比较大的贫困学校,以实现为全美儿童提供"充分教育机会"的目的。该法案第一条款(Title I)就是针对改进贫困地区处境不利学生的教育状况。至 20 世纪 90 年代,《改进美国学校 1994 法案》(Improving America's Schools Act of 1994,IASA)对原《中小学教育法案》进行重新授权,继续对弱势群体学生和具有特殊需求的学生给予特别关注和帮扶。[43] 2001 年颁布的《不让一个孩子掉队法案》以及 2015 年颁布的《每一个学生都成功法案》都延续了对薄弱学校资助和帮扶的政策,通过项目推动和专项拨款等措施改造薄弱学校、帮扶弱势群体学生,提高学校教育的质量和学生的学业成就。

2001 年,在《不让一个孩子掉队法案》的授权下,联邦政府启动"农村教育成就项目"(Rural education achievement program,REAP)。针对美国农村地区财税资源匮乏、学校规模偏小、教育人力短缺等问题,该项目旨在改善农村学区的教育教学条件,保障农村教育机会的平等。项目包含两个子项目,其中之一是"小乡村学校成就"(Small Rural School Achievement,SRSA)项目,为农村地区学校提供经济援助,帮助其达至"适当年度进步"(Adequate Yearly Progress,AYP)的标准。教育经费区分为两类:一类资金使用比较灵活,可用于多个联邦教育项目,如改进教师质量、改善教育技术、建设安全和无毒学校与社区、建设创新性教育项目等;另一类则是专款专用,用于"小乡村学校",即学校所在学区的学生数少于 600 人,或者是学校所在地区的人口密度低于 10 人每平方英里[44],同时学校所在地区被该州认为是农村地区。

第二个子项目是"农村低收入学校"(Rural and Low-Income Schools,RLIS)项目,旨在解决农村低收入学校的教育需求。联邦教育部首先向各州拨款,各州再进一步向满足条件的学区拨款。项目适用条件是:学校 20%的学生家庭经济水平位于贫困线以下;学校位于农村地区或小城镇,并符合前述的"小乡村学校"标准。该项目的资金可用于教师招聘与续聘(包括教师的奖金和其他奖励等)、教师专业发展、教育技术改进、家校合作、改进弱势群体学生的学业成就、英语熟练程度有限及移民学生的英语教学等。[45]

---

[43] Margaret A. Jorgensen, Jenny Hoffmann. History of the No Child Left Behind Act of 2001(NCLB)[R]. Pearson Education, Inc. 2008-08.

[44] 1 英里约等于 1.609 千米。

[45] U. S. Department of Education. Guidance on the rural education achievement program [Z/OL]. [2016-02-04]. www2. ed. gov/policy/elsec/guid/reap03guidance. doc.

2. 英国：教育优先区、教育行动区和卓越城市计划

为解决不同地区、不同类型学校，尤其是不同家庭经济背景之间学生受教育水平的差距，英国于1967年发布《卜劳顿报告书》(*The Plowden Report*)，其中首次提出"教育优先区"(Educational Priority Areas，EPA)的概念。教育优先区通常物质贫乏，经济发展相当落后，因而需要优先予以照顾和改善，以促进教育机会的均等。这是一种"积极差别待遇"(positive discrimination)，给予弱者以优先照顾和优厚待遇。在这一理念指导下的英国教育帮扶计划，就是"教育优先区计划"(Education Priority Areas Scheme)。

"教育优先区计划"所涵盖的内容主要体现在以下几个方面：在教育优先区内采用小班制教学，每班不超过30人；给予任教老师每年120英镑的额外津贴；增加教育拨款，改善当地的教学水平及教育质量；配置教师助理，对在教育优先区任教的小学教师，每两班设置教师助理一名，学前教育阶段每四班设置一名教师助理；更新校舍；充实图书及仪器等硬件设备；增设托儿所；充实师资；建立教育优先区与各师范院校之间的沟通网络，安排师范生在教育优先区的学校进行教学实习；在各地的教师中心开展教师在职训练课程，为中、小学教师提供在职进修的机会；加强学校与社会之间的联系，重视学校的社会工作；设立社区学校；促进不同地区的异质化、多样化发展；社区活动吸纳学校教师及其他对社区有贡献的人参与；协调处理当地的就业服务、工业训练、住宅安置、城市发展等事宜；对教育方案进行评估研究；对教育经费的拨付和使用进行调整和改进。

然而，教育优先区计划并没有达到预期的效果。首先，限于经费、法令等因素的影响，教育优先区计划中原有的提议进行了大幅度的修正和改进，有些提议甚至被否决；其次，教育优先区计划受到各方质疑，削弱了该计划的可行性；最后，教育优先区计划的实施缺乏中央统一的监督与管理，地方上又执行不力，政策执行的力度受到影响。至20世纪70年代中期，教育优先区计划搁置。[46] 教育优先区计划尽管受挫，但对薄弱地区予以"积极差别待遇"的理念却保存了下来。

"教育行动区"(Education Action Zones)是英国工党政府于1997年提出的教育改革计划，并于1998年开始实施。当时，工党政府提出的教育改革目标是：为所有人提供均等的教育机会，并提高教育的标准，注重所有学校所有学生的成功。教育行动区计划就是为实施这一目标而提出的，取得了很好的成效。该计划选择需要特别关注的城市或乡村地区——通常是教育发展薄弱地区——成立"教育行动区"，将学校、地方教育当局、家长、企业和社区结合在一起，共同为改进学校教育而努力。每一个教育行动区包括15-25所学校，上述各方组成联合体对这些学校行使管理权，行动区内做到资源的共

---

[46] 高冉，左兵.英国"教育优先区"政策对我国少数民族地区教育的启示[J].民族教育研究，2007(6):110-115.

享和整合,从而放大和优化教育资源。教育行动区经由行动论坛(Forum)而运作,行动区各相关组织以伙伴关系相互配合,以改善行动区内不利于学校教育的因素,提升学校教育的质量。政府为教育行动区的学校提供额外的经费资助,并在课程设置、教学安排、人事管理、资源配置、经费使用等方面提供了一系列优惠政策。

进入 20 世纪 90 年代,由于白人逐渐由城市中心迁往郊区居住,市中心成为公立教育发展的薄弱地区。为了解决城市中心的教育发展薄弱问题,英国于 1999 年启动"卓越城市"(Excellence in Cities)计划,以改进贫困城区的教育,通过向贫困城区的学校拨款,提升学生的学业成就。在 2000—2001 年,该计划覆盖了英格兰 1/3 的中学。截至 2006 年 4 月,英国有 57 个地方教育当局的 1 300 多所中学和 3 600 多所小学都加入了卓越城市计划。卓越计划主要围绕四个主题:第一,对每一个学生提出高期望值,不管其天性和基础如何,激励他们每一个人不断进取,积极进步;第二,提供多样化教育,通过建立更多的专门学校、示范学校、教育行动区以及城市学习中心,实现教育条件的多样化,为所有学生提供优质、全面的教育;第三,在学校之间建立起沟通与交流的平台,通过推广先进教育实践,让所有学校共同分享有益经验;第四,为学校的发展提供全方位的支持,把成功的机会扩展到每个学校,促进学校之间的均衡发展。

对薄弱地区的教育发展进行专项扶持,是美、英及世界其他许多国家和地区的共同做法。这种专项扶持计划大多是通过增加教育拨款、改善当地学校办学条件等措施来实现的,其落脚点在于改进薄弱学校。

(二) 薄弱学校改进计划

学校改进是世界各国教育政策中的共同议题,前面谈到的美国特许学校政策、英国的独立学院和自由学校政策等,实际上也是学校改进议题的典型体现。这类政策通过赋予学校较大的办学自主权以释放学校的活力,从而促进学校改进。除此以外,给予外部的专业支持和资源倾斜,对于学校改进——尤其是薄弱学校的改进——亦是至关重要的。

1. 美国:学校成功伙伴计划

"学校成功伙伴"(Partnership for Achieving Successful Schools, PASS)计划 2003 年在美国弗吉尼亚州启动,旨在为弗吉尼亚州无法完成"适当年度进步"(AYP)标准的学校提供有效的帮助与支持。[47] 在实施初期,该计划主要是为个别学校提供领导、管

---

[47] Partnership for Achieving Successful Schools [EB/OL]. http://www.doe.virginia.gov/support/school_improvement/pass/index.shtml.

理、教学等技术方面的支持，包括培训学校校长和学校领导团队。弗吉尼亚州学校改进办公室（Office of School Improvement，OSI）每年对所有学校的教育需求进行重新评估，以便筛选出进入该计划的学校。如今，"学校成功伙伴计划"已经由最初仅面向学校校长提供援助，发展成为一个综合性技术援助模式，不仅直接面向学校提供帮助和支持，而且帮助学区教育局推进能力建设，由其进一步对学区内各所学校提供援助。因而，学校改进办公室的支援对象既包括学区教育局，也直接面向学校，向它们提供差异性的技术援助。

为满足学区和学校的改进需求，学校改进办公室提供多样化的技术援助，包括组织中小学校长培训，在教学、管理等方面对学区和学校施以援助，协助教育局和学校制订改进规划，为薄弱学校改进提供资源、为学区或学校提供学业评估等。"学校成功伙伴"计划的实施，有赖于该州内部形成的跨机构技术援助小组，小组的构成包括经验丰富的学校领导者和学区管理者、州中学校长联合会、州教育领导基金会以及相关的专业机构（如学习创新中心）等。

2. 英国：连锁学校计划和基金会伙伴计划

英国政府于2001年提出成立"连锁学校"（Chains of Schools）的设想，期望通过实现学校联合、建立学校合作项目的方式，鼓励学校之间分享教育资源以及教学经验，促进教育的均衡发展。2002年英国政府颁布的《教育法》中正式使用了"连锁学校"的表述。2003年，英国政府正式出台《"连锁学校"规则》和《学校管理规则》，号召中、小学校遵循自发自愿、协商一致的原则，与本地或外地的其他学校建立起伙伴关系。2004年，英国政府颁布《英国连锁学校管理法案（2004）》，明确了"连锁学校"的类型与管理机构组成，"连锁学校"的创建、加入与解散程序，以及相关财产和权利与义务的转让等。2007年，修订后的《英国连锁学校管理法案（2007）》颁布，进一步规范了连锁学校的管理与运营。在长期的发展过程中，"连锁学校"呈现出多种形式，相互间的联合形式或紧密或松散，或"刚性"或"柔性"。[48]

顺着校际联合和合作这一思考，2004年英国《儿童与学习者五年战略规划》提出，政府应继续投入资金，鼓励所有成功和受欢迎的优质学校扩大学校规模，从而放大优质教育资源；鼓励这些优质学校建设、管理新的学校，建立学校同盟关系。"基金会伙伴"（Foundation Partnerships）计划就是在这一背景下提出的。该计划旨在促使同一地区内的不同学校之间建立起伙伴关系，促成不同成员学校之间共享资源，共同致力于教育

---

[48] 姚琳,张亚楠.论英国"连锁学校"政策[J].教育导刊,2015(5):89-92.

质量的提升。当然,成员学校之间共享哪些资源,由他们自主决定。不仅如此,对于那些具有特殊教育需求(Special Educational Needs)的学生以及学校难以安置(hard-to-place)的学生,"基金会伙伴"学校要承担起更广泛的教育责任,评估他们的教育需求并提供相应的教育服务。

此外,"基金会伙伴"学校同盟还承担着该地区教育战略发展领导者的角色,致力于改进伙伴成员学校的教育质量。具体到教学方面,成员学校需要采取以下几方面措施:第一,在了解不同学生的学习能力与需求的基础上,提供卓越的教学,帮助所有学生实现潜能发展;第二,为学生提供更具丰富性和选择性的课程;第三,在教学过程中创造性地运用先进技术和设备;第四,在保证教学中心任务的同时,减少学生的犯罪和反社会行为;第五,与学生家长建立起紧密联系,使学校成为社区的中心。[49] 可以说,"基金会伙伴"计划不仅要致力于地区内不同学校之间的联动发展,而且也承担着改进整个区域内教育的职责,同时在为弱势群体学生提供教育服务方面也发挥着重要作用。

3. 韩国:基础设施建设标准化

韩国1953年颁布《义务教育六年计划》,规定了义务教育阶段的入学率和教育设施配置等指标。20世纪60年代初,韩国政府结合两个《经济开发五年计划》,制定了两个《义务教育设施扩充五年计划》。这样,前后历时10年,基本实现了完善义务教育设施的目标。

此外,在学校教育教学设备方面,韩国也实施了标准化改革。1969年韩国政府颁布《学校设施及设备基准令》,该文件是韩国中小学校在设施和设备配备方面最基本的法律。该基准令规定了学校设施的基本标准,如对学校必须具备的建设用地、普通教室、特别教室、电化教室、图书室等做出具体要求,对学科或课程所必需的图书以及器具、标本、模型等教具提出具体标准,对实验、实习设备以及供水、消防、电器、电话等其他设备提出规范性要求。为使中小学校舍更趋标准化,并提高学校建筑设备的质量和使用效率,韩国教育部在20世纪80年代先后制定了4种标准设计图,供建筑学校时选用。[50] 学校基础设施建设的标准化,保证了学校之间在基础设施建设方面的均衡配置。

---

[49] Her Majesty Government. Department for Education and Skills: Five Year Strategy for Children and Learners[R/OL]. 2004-07 [2016-02-20]. http://www.educationengland.org.uk/documents/pdfs/2004-five-year-strategy.pdf.

[50] 田祖荫,杨宇,胡成玉,等.韩国、日本义务教育学校标准化建设情况调研报告[J].教育研究,2015(10):136-141.

(三) 帮扶弱势群体计划

任何社会都不可避免地存在着弱势群体。对弱势群体学生进行专门性帮扶,是更具针对性的教育补偿措施。这类教育补偿直接面向学生,有助于改进弱势群体学生的学业成就。

1. 英国:替代性服务计划与学生补贴计划

(1) 替代性服务计划

替代性服务(Alternative Provision,AP)是专门为弱势群体学生提供的教育服务。在任何社会,总有一些孩子因受到排斥、疾病困扰、违法犯罪等原因而无法接受恰当的学校教育。为这部分孩子提供替代的教育服务,即是替代性服务。这一做法背后的理念是:任何学生,不管其家庭背景或所处环境如何,都有权利享受优质的教育服务。而对于那些被排斥在传统学校之外的学生而言,政府和社会有责任为他们提供恰当的教育。

在英国,提供替代性教育服务的主体是地方当局。在所有替代性教育机构中,学生收容所(Pupil Referral Units,PRUs)是开展替代性服务的一个重要机构,由地方当局成立,为那些无法进入主流学校的儿童提供适当的教育。[51] 学生收容所内有教师负责内部管理,并成立专门的管理委员会,其管理架构与主流学校类似。学生收容所在预算管理与人员聘任方面具有自主权。截至2013年,英国共有393个学生收容所。

此外,在前述的独立学院和自由学校中,也有一部分专门为那些无法进入主流学校的学生提供替代性的教育服务。2013年,政府允许学生收容所可以申请转型成为这类提供替代性服务的独立学院(AP academies)。[52]

(2) 学生补贴计划

学生补贴(Pupil Premium)计划是英格兰地区为那些有弱势群体学生就读的公立学校所提供的额外资金,目的在于提升弱势群体学生的学业成就,缩减他们与同伴之间的学业差距。[53]

发放学生补贴的教育机构包括:地方当局负责管理的学校(包括特殊学校)和学生收容所,地方当局许可下由志愿者组织成立的替代性教育机构(voluntary-sector

---

[51] Department for Education. 2010 to 2015 government policy: Children outside mainstream education [EB/OL]. 2015-05-08 [2017-12-18]. https://www.gov.uk/government/publications/2010-to-2015-government-policy-children-outside-mainstream-education/.

[52] Department for Education. Alternative Provision: Statutory guidance for local authorities[R]. 2013-01.

[53] Pupil premium: funding and accountability for schools [EB/OL]. 2015-07-31[2016-02-22]. https://www.gov.uk/guidance/pupil-premium-information-for-schools-and-alternative-provision-settings.

alternative provision),不受地方当局管理的特殊学校,以及提供替代性教育服务的独立学院和自由学校。上述这些教育机构的运营均是由公共资金支持的,只是管理部门有所不同。

学生补贴计划的具体实施如下:

资助金额:在 2015—2016 财政年度,在符合要求的教育机构中,每个享受免费校餐的学生都可以获得学生补贴。其中,享受免费校餐不超过 6 年的学生每人获得 1 320 英镑,享受免费校餐 7-11 年的学生每人获得 935 英镑。

资金发放方式:教育部把学生补贴分季度拨付给地方教育当局,再由后者发放给学校。

资金使用指导:教育资助基金会(Education Endowment Foundation)开发了"教与学工具包"(teaching and learning toolkit)[54],指导教师如何有效利用学生补贴帮助弱势群体学生。同样由基金会开发的"学校工具包"(families of schools toolkit)则帮助学校校长和教师了解其他同类学校使用补贴资金的有效教育实践。

绩效考核:教育标准办公室(Ofsted)负责撰写学校监测报告(school inspection report),汇总接受补贴的弱势群体学生的学业成就及学业进展情况。

接受补贴学生所在的学校需要公布说明该校是如何使用这些补贴的以及这些补贴对学生学业成就的影响。教育部明确规定了学校需要公布的信息,其中的"绩效表格"则汇总了这些学校在补贴资金使用方面的绩效情况,供教育工作者、家长等进行查询。

2. 美国:补充教育服务计划

在美国,为促进教育的均衡发展,保障教育的公平,除了实施学校层面的薄弱学校改进项目外,联邦教育部及各州教育部门还积极推进直接面向低学业成就学生的补充教育服务(Supplemental educational services,SES)计划。该服务计划经过《不让一个孩子掉队法案》授权,凡是接受联邦教育经费资助的学区,都必须开展补充教育服务。而所谓补充教育服务,就是为提高弱势群体学生的学业成就而提供的学校正规教学之外的额外教学服务。[55] 这些教学服务包括家教、补习以及课业辅导等形式,在内容上必须与州及当地教育部门规定的课程和教学标准相一致。此外,这些补充教育服务必须是优质的,注重学与教的科学性。

---

[54] Education Endowment Foundation. Teaching & Learning Toolkit [EB/OL]. [2016-02-18]. https://educationendowment-foundation.org.uk/evidence/teaching-learning-toolkit.
[55] U. S. Department of Education. Supplemental Educational Services Non-Regulatory Guidance[Z/OL]. 2009-01-14[2016-02-20]. http://www2.ed.gov/policy/elsec/guid/suppsvcsguid.pdf.

3. 韩国:放学后学校计划

韩国教育实施全面均衡化政策,由此使得一些不满足于公立教育的学生及家庭选择在校外接受教育补习,校外教育市场极大繁荣,不同家庭背景学生之间的教育差距巨大。为减少课外补习给学生带来的过重学业负担以及给家庭带来的额外经济负担,同时也为了以多样化、高质量的教育恢复国民对义务教育的信赖,自2007年开始,韩国教育人力资源部积极推行"放学后学校"计划。该计划是在正规教学以外进行的教育及学生看护项目。换句话说,学校尽管已经"放学",但仍持续实施教育活动,学生则是自主参加。

为推进"放学后学校"计划的顺利实施,教育人力资源部特设"放学后学校政策课",并在各地方下设相应的部门进行管理。2007年,全国指定80所学校为该计划的示范校,实施以小学1年级、初中2年级和高中1年级为对象的放学后学校教育。"放学后学校"采取校长负责制,部分教学科目或教育活动可由校长委托校外非营利团体和机构负责,教师也可由校长聘请学校外部的讲师、社区志愿者担任,教育对象也不仅限于本校学生,其他学校的学生或辍学青少年和社区居民也可参加。[56]"放学后学校"计划以受益者负担和财政援助为原则,扩展了学校对学生的教育和看护服务的范围。一方面,该计划能够满足学生和家长在学科以及体艺等方面的私人教育需求,减轻家长的校外教育费用负担;另一方面,通过扩大对低收入阶层子女的教育援助,从而缩小不同地区和不同收入群体之间的教育差距。[57]

六、教育资源配置的国际经验

教育的优质、均衡发展是世界各国追求的共同目标。受经济发展水平不同、教育机会和资源分配不均等因素的制约,一个国家内部不同地区之间的教育发展水平往往存在着差距,有的时候这种差距还非常巨大。即使是在同样一个地区,不同学校之间的教育质量也常常存在着很大的差距。如何促进教育资源的均衡和有效配置,并进而达至教育的优质和均衡发展,世界各国进行了许多探索。这里将教育资源配置的国际经验总结为以下几个方面。

---

[56] 姜英敏.从"平等"到"追求卓越"——浅析韩国义务教育理念变迁[J].比较教育研究,2008(12):62-66.
[57] 李成实.韩国放学后学校研究[D].东北师范大学,2015.

(一) 推进政策和立法保障,发挥政府在资源配置中的基础作用

世界各国纷纷把推进教育的优质和公平作为国家教育发展的重要目标,制定具有连续性和针对性的教育政策,构建较为完善的政策法律体系,用立法保障基础教育资源配置的规范化。

美国联邦政府通过多项教育立法,积极推动教育机会均等,保障每个学生享有平等的教育机会。《初等与中等教育法案》表明,国家重视每一个学生的发展,尤其注重弱势群体学生的受教育机会,此后的多项政策都延续了这一法案的精神。进入新世纪以来,美国教育改革的目标逐渐转移到优质、均衡上来。从布什政府的《不让一个孩子掉队法案》,到奥巴马政府颁布的《让每个孩子成功法案》[58],都强调使每个孩子都能具有较高学业成就,至少要达到"熟练"水平。为达到这一目标,联邦政府积极推进教育标准化改革,通过制定较高的学业标准,并实施绩效考核制,保障各州都能达到较高的成就标准。

美国地方分权的教育体制,决定了各州政府是教育发展的第一责任人。联邦政府颁布的法律和政策主要起着规范和宏观引导作用,而州政府则通过制定各自的政策文本和政策工具,具体规定和指导着各州的教育发展。美国财务办公室(General Accounting Office)的报告指出,在基础教育资源配置方面,各州主要采取一些政策工具来缩减不同地区资源配置的差异,从而实现教育资源配置的均等化。这些政策工具主要包括:第一,提高州财政在总教育财政投入中的比重,从而降低地方财政投入差异对于终端教育经费总额的影响;第二,明确财政资助的目标对象,有针对性地资助薄弱地区和贫困人口教育的发展;第三,规范和限制地方的税收行为,制定公平的地方税收政策。[59]

(二) 尊重家长教育选择权,发挥市场在资源配置中的调节作用

尊重家长和学生的教育选择权,增加教育供给的多样性,是当今教育改革与发展的一个特点和趋势。该政策以新自由主义经济学为理论基础,主张用市场机制调节教育资源的配置,以提高教育质量,满足社会对教育的需求。

在美国,政府寄希望于通过教育消费者的自由选择来培育竞争的教育市场,以刺激公立学校在竞争的压力下主动谋求创新和发展。自20世纪70年代以来的多项教育政策,均主张尊重并扩大家长的教育选择权。当前,教育选择主要体现在多样化的办学模式和教育的市场化取向:一是实行开放入学制度,打破传统的按学区就近入学的原则,

---

[58] 2015年12月颁布的《让每个孩子成功法案》的主要目标是,使每个学生都能在大学学习和生涯发展中取得成功。
[59] United States General Accounting Office. School finance: State efforts to equalize funding between wealthy and poor school districts[R]. 1998-01.

允许适龄儿童到居住地以外的公立学校就读;二是鼓励开办"磁石学校",这类学校奉行特定教育理念,在课程设置上独具特色;三是实施教育券计划,政府给家长发放有价教育证券,该券可用于在政府批准的任何学校中支付学费或其他教育费用;四是作为特殊公立学校的特许学校不断发展壮大,增加了学校教育的多样性,使得民众有了更多的教育选择权。特许学校在招生时没有特定的地理边界,民众可自由选择任何一所特许学校就读。

在英国,1988年的《教育改革法》将市场机制引入教育领域,政府在增加教育供给多样性的同时,赋予学生和家长选择学校的自由与权利。2005年、2010年的教育白皮书均明确主张,要赋予家长和学生更大的权利选择好学校。英国同样实行开放入学政策,改变过去由地方教育当局负责"按片分配"、学生就近入学的做法,规定每所学校最高的招生数额(即"标准数量"),只要未达到"标准数量",学校就不能拒绝家长的要求。政府对学校的拨款与学生数量挂钩,以鼓励学校多招收学生。英国择校政策可以被视为一种准市场形式的入学制度:一方面,家长被赋予择校机会;另一方面,每所学校有入学名额的限制,政府制定择校的标准和规则。

(三)落实学校办学自主权,注重满足学校办学主体的资源需求

美国"校本管理"政策肇始于20世纪80年代。照此来看,扩大学校办学自主权是西方三十多年来教育改革与发展的一个明显趋势。在美国,传统上的"学区控制"是其教育行政的一个基本特征,学区负责各中小学的经费、人事及课程,学校自主办学的空间十分有限。在英国,类似职责则由地方教育当局(Local Education Agency,LEAs)承担。校本管理政策的实施,则将原本由学区或地方教育当局行使的很大一部分权力赋予学校,学校作为独立办学主体的属性得以受到重视。

随着2002年《不让一个孩子掉队法案》实施,美国将对学校的绩效问责与扩大学校自主权相结合。纽约市推行以赋权和问责为原则的"儿童第一"(Children First)公立中小学改革项目,赋予校长在资源配置、师资聘用以及教学改革等方面享有更大的权限。2015年12月,奥巴马签署《让每个孩子成功法案》,取代《不让一个孩子掉队法案》,主旨仍是将教育管理权限下放给州和地方学区。

英国1988年《教育改革法》引入"自我管理学校"这一概念。2010年联合政府执政后,把保障学校自主权置于政策的中心。2002年,英国开始推行"学院"计划,将部分学校转制为不受地方当局控制并由中央政府直接拨款的独立"学院"。2010年之后"学院化"之路全面提速。获得"学院"地位的学校拥有更大的自由:免除不必要的责任和负担,可以不必遵守原有的一些规章,如统一的课程要求;自主招聘和管理教师,在教师薪资支付上拥有更大自主空间；调整学校工作日长度，灵活组织教学。自2010年开始推进"自由学校"(free schools)，类似于独立学院。区别在于自由学校是新建的，而不是由现有中小学校转制过来。

事实上，不止美、英，世界上其他许多国家和地区都在积极扩大并落实学校的办学自主权。在资源配置过程中，要注重满足学校作为办学主体对于资源的需求，这是尊重学校办学自主权的应有之义。

（四）强化学校绩效问责制，切实提升学业成就

权力与责任总是相伴而生，相互统一，拥有的权力越大，承担的责任也就越重。因此，在给予学校更大办学自主权的同时，对于学校的绩效问责便显得非常重要。因此，世界各国在扩大和落实学校自主权的过程中，不约而同地强化了对于学校的绩效问责，督促学校切实提升学生的学业成就。

在美国，随着2002年《不让一个孩子掉队法案》的实施，以学业成就为基础的绩效问责制度受到重视。根据这项法案，公立中小学要接受州政府统一组织的阅读和数学考试，各学区要对每所学校的考试成绩提出报告；建立学业评估标准，用以衡量学校的学业成就，并据此予以奖惩。依据法案，将联邦教育拨款与各州的学业成绩评估建立关联，并要求各州建立起教育问责制度；各公立学校须根据学生的实际水平，确定"适当年度进步"(AYP)标准，从而实现学生成绩"逐年上升"的目标。如果学生学业成绩未达到标准，学校将面临一定的惩罚，如减少经费资助甚至予以关闭。

《不让一个孩子掉队法案》实施后，原学业成绩偏低的儿童在学业成绩测试中取得较大的进步，但成绩原本优秀的儿童却由于缺少关注而显现出懈怠情绪；此外，办学水平长期低下的学校由于欠缺自我改进的能力，学业提升效果并不明显。为此，2009年提出的"力争上游"(Race to the Top)计划摒弃对低绩效学校加大惩罚力度的做法，转而对它们投入资源进行改造，同时提出相应的责任要求。"力争上游"计划是竞争性教育拨款，旨在激励各州积极推进教育的革新与改进，如此才能赢得这项拨款。该计划主张建立统一的学业评价标准，建立学业进步情况数据库系统，以便可以有效衡量各州、学区和学校的学业成就；同时将校长和教师的工资收入与学校绩效挂钩。2015年底颁布的《让每个孩子成功法案》强调继续实施问责制，保证各州把资源对准落后学校和学生，并帮助他们改进学业成就；该方案尤其关注表现最差的学校、高辍学率的中学，以及学生亚群体陷入困境的学校，给它们以资源上的倾斜和专业上的支持。

在英国，随着《教育改革法》的实施，在扩大学校自主权、削弱地方教育当局权力的同时，加强了中央政府对于教育的管理和控制，包括实施国家统一的课程设置，建立全国性的学业考试制度,制定更为严格的学校督导制度,并对学校绩效进行评估。进入21世纪,绩效问责制进一步完善,并指向学生综合素质的提升和个性化发展。近年来,英国对现行的学业考试制度进行调整,以涵盖更加广泛的课程,促进学生的真正发展而非单纯的分数提高,从而建起一个更加平衡和有意义的教育问责制度。

(五)秉持充足性拨款原则,均衡配置教育资源

公共教育的发展离不开政府财政资金的支持,教育的优质、均衡发展需要政府加大对薄弱地区和薄弱学校的资金支持力度,以弥补不同地区之间、优质学校与薄弱学校之间的教育成就差距。美国联邦政府致力于通过财政拨款,来推动教育发展的公平。一方面,联邦政府通过教育立法的形式,保障对弱势群体学生的资金投入,如《不让一个孩子掉队法案》提出专项资金支持计划,用以改进薄弱学校和提升弱势群体学生的学业成就;另一方面,实施竞争性拨款计划(如"力争上游"计划),借助财政拨款的形式激励各州开展针对薄弱学校改进的相关教育变革,提高弱势群体学生的受教育水平。

美国是地方分权的教育管理体制,各州承担着教育发展的首要责任。因此,尽管联邦政府通过立法、设立专项计划以及财政拨款等形式促进教育的均衡发展,但在教育的经费投入上,州政府承担着更大的责任。从这个意义上讲,教育财政充足意味着,一个州的公立中小学财政拨款体系需要为州内普通公立学校提供充足的教育资源,使得每一个普通学生能够达到州规定的成绩标准。不仅如此,它还意味着,要为有特殊教育需求的学生提供额外的教育资源,使之能够达到州规定的特殊学生学业成绩标准。美国教育财政充足模式发展经验表明,随着人们对提高教育质量的呼声越来越高,美国的教育财政体制也开始发生转向,由原来只关注教育投入到教育投入与教育产出并重;仅仅关注资源配置的公平是不够的,必须结合与教育效果和教育质量相关联的资源配置的充足,才可能达到高质量的均衡发展。[60]

(六)革新学校办学体制,激发学校发展活力

一个国家或地区教育发展的整体水平,建立在一所所学校教育质量的基础上,取决于一所所学校的教育作为和努力。因此,如何激发学校发展的动力与活力,就成为许多国家和地区在进行教育决策(包括资源配置)时的重要考量。美、英等国通过革新学校的办学体制,适当地引入市场化举措,扩大家长对于教育的选择权,从而激发起学校发展的动力和活力。

---

[60] 许丽英.教育资源配置理论研究——缩小教育差距的政策转向[D].东北师范大学,2007.

美国实施的"教育券"计划,使得学生及其家长可以用教育券抵充部分或全部学费,从而自由选择学校,而不必局限在公立学校就读。教育券计划以政府的资金补助为诱饵,带动公立学校之间以及公立学校与私立学校之间的竞争,激发公立学校发展的活力。而特许学校计划则借助特许学校鲜明的办学特色和出色的教育成就,同样带动了学校之间的积极竞争,从而提升公立学校乃至整个区域教育的质量。

在英国,1988 年的《教育改革法案》及后续的许多教育政策带有鲜明的市场化色彩:一是增加学生和家长的教育选择权,让他们可以自主选择学校接受教育;二是增加学校的办学自主权,使得学校能够以办学主体的身份自主行事,并参与相互间的竞争;三是将私人力量引入公立学校教育,如借助于独立学院计划和自由学校计划,许多中、小学校转型成为带有独立性质的学院或自由学校。这些学院或自由学校在学校管理、课程内容和教学方法等方面积极谋求创新性举措。如此一来,由于竞争和创新机制的引入,整个教育系统的活力就充分调动起来了。

对于我国而言,教育系统同样存在着革新办学体制、激发学校发展活力的问题。这需要我们积极落实学校办学的自主权,并促进办学主体的多元化和办学形式的多样化。

(七)推动校际合作办学,实现教育资源共享

建立学校之间的合作伙伴关系,实现教育资源的共享,是世界多国改进薄弱学校、推动学校发展的重要举措。例如,美国弗吉尼亚州启动了"学校成功伙伴"计划,合作伙伴之间建立了综合性技术援助模式,通过教育资源共享、教师能力建设等途径,实现优质学校对薄弱学校的援助。英国积极推进"连锁学校"计划以及"基金会伙伴"计划,不仅实现了薄弱学校与优质学校之间教育资源的共享,还促进了学校之间在管理理念、课程教学以及学校文化等方面的交流与分享。同时,教育行政部门也从政策、财政投入等方面给予大力支持,特别是给予优质学校一定的优惠政策或奖励措施,激发优质学校帮扶其他薄弱学校的积极性。英国 2009 年发布的教育白皮书《儿童、学校与未来:构筑 21 世纪的学校体系》,把"连锁学校"模式确定为英国实现基础教育均衡发展的核心政策。"连锁学校"计划自实施以来取得了显著的成就,促进了连锁学校之间的教育资源共享,各连锁学校的办学水平获得明显改善,并使得学生整体的学业成绩得到大幅提升。[61]

可以说,在学校之间建立起伙伴关系,开展校际合作和交流,并共享教育资源和办学智慧,是解决校际教育质量差异的重要途径之一。美国的"学校成功伙伴"计划、英国的"连锁学校"计划以及"基金会伙伴"计划在这一方面提供了有效的经验。

---

[61] 姚琳,张亚楠.论英国"连锁学校"政策[J].教育导刊,2015(5):89-92.

(八)重视学校能力建设,促进师资均衡配置

优化教育资源配置,并不仅仅是校舍、教育设备等硬件设施的配置,更包括教师能力、课程等软资源的配置;改进学校教育质量,不仅需要借助于外部的资源支持,更依赖于学校内部的能力建设。在学校的硬件设施达到一定标准的情况下,改进薄弱学校的关键还在于学校的师资水平如何。因此,要加强教师能力建设,促进师资在不同学校之间配置均衡化。

韩国在这一方面取得了卓越成效。韩国全面实施教育轮岗制度,每 2-5 年对教师进行城乡之间轮岗;新进教师必须首先在农村等不利地区任教,才能轮岗到城市地区。这些政策保障了城乡之间教师资源配置的均衡。同样,在日本,作为公务员的中小学教师实行"定期流动制"。这一制度是促使校际师资均衡配置的关键途径,从而保证了整个日本教育的均衡发展。教师定期流动制度有助于不断提高教师的工作热情和创新能力,实现多样化的经验积累;有助于合理配置人力资源,保持学校之间的质量平衡;有助于打破学校的封闭状态,使学校办学始终充满活力。

美国虽没有实现教师轮岗,但联邦教育部启动了多项教师培训计划,如"教学领导"(Teach to Lead),力求提升全国范围内教师的专业水平,尤其注重薄弱地区教师的能力建设。英国也积极加强教师的能力建设,尤其关注薄弱地区和薄弱学校的发展,近年来启动的"教学优先"计划和"国家挑战"计划是其重要体现。

(九)借力现代信息技术,放大优质教育资源

随着科技的发展,信息和通信技术(Information and communication technology, ICT)成为重要的教学工具,其在帮助教师解释深奥的概念、提供广泛的教学案例与资源,以及吸引学生的积极参与等多方面发挥着重要的作用。尤其是,当教育资源在不同地区或不同学校之间存在较大差异的当下,现代信息技术有助于优质教育资源的共享。此外,现代信息技术的应用还有助于实现个性化教学,在不增加教师负担的情况下,为每个学生提供适合其能力与水平的教学任务,促使每个孩子都享受到有质量的教育。鉴于现代信息技术在改善教师教育教学能力、放大优质教育资源等方面的重要作用,美国、英国和新加坡等积极推动现代信息技术在学校中的广泛应用。如英国实施的"建设未来学校计划",旨在使所有学校都充分利用现代信息技术带来的便利,促进学校教育的优质和高效。

加强现代信息技术的应用,是新加坡改善教育资源配置、解决不同地区或不同学校之间教育发展不均衡问题的重要举措。自 1997 年起,新加坡政府连续颁布三个教育信息技术规划(ICT Master Plan for Education)。其中 1997—2002 年的第一个规划旨在夯实基础,使学校的信息通信基础设施与支持系统落实到位,而最近的第三个规划从2008年持续至2015年,目的是将信息通信技术更广泛地融入课程、教学方法和评估实践中,使学校的信息通信基础设施支持随时随地学习。[62] 自2007年开始,新加坡开始实施"未来学校"计划,提出到2015年建立15所未来学校的目标。[63] "未来学校"计划强调将现代信息技术融入教学体系,推动课程与教学体系的创新,以此推动教育教学的改革。

(十)实施专项帮扶计划,给予资源重点支持

在推进教育优质、均衡发展的过程中,改善薄弱地区和薄弱学校的教育质量是关键。同时,这也是优化教育资源配置的一个重要目的。对薄弱地区和薄弱学校给予重点支持,并进行专项帮扶,是推进基础教育均衡发展的一个重要途径。从对学校的资助与支持,到教师能力建设,再到直接面向学生的教育服务与补贴,英、美、韩和新加坡等国在改进薄弱学校方面做出了不懈努力。

美国通过立法、增加教育拨款以及设立专项计划等措施,为薄弱学校改进提供政策、资金以及专业上的支持。在联邦资金的支持下,许多州积极采取措施,以切实促进薄弱学校的发展。英国也把改进薄弱地区和薄弱学校(低绩效学校)作为实现教育公平的重中之重,为此采取了许多政策和措施,例如:将学校转型,引入商业机构、慈善组织、家长等社会力量参与公立学校的管理与运营工作;给予学校更多的办学自主权和更大的灵活性;促进学校的多元化办学和多样化发展;建立学校与社区之间的伙伴关系。独立学院、自由学校以及信托学校计划的本质都在于此。而对韩国而言,其通过立法保障农渔村、偏僻乡村等不利地区率先实现义务教育,反映了该国优先照顾薄弱地区的教育发展;同时该国实施的基础设施建设标准化、教师定期流动制度等政策与实践举措,都体现了对薄弱地区和薄弱学校的"关照"。

除了地区和学校层面的资金投入之外,各国还启动了直接针对薄弱学生的教育帮扶与补偿计划,包括资金方面的补偿以及教育服务方面的补偿。在教育服务方面,美国实施的"补充教育服务"计划以及英国启动的"替代性教育服务"计划都是典型举措。同时,英国直接针对弱势学生发放"学生补贴",而且将补贴发放给学生所在学校而不是学生本人,目的在于帮助学生所在的学校改进教育服务质量。

---

[62] 陈丽萍,潘晶晶.新加坡教育信息化进程与实践创新[J].世界教育信息,2013(24):25-27.
[63] 高燕.新加坡"未来学校"的发展及启示[J].外国教育研究,2013(1):61-65.

第八章

前瞻：基础教育资源配置模式的再思考

实现中国教育现代化是党和国家及多少代教育人的共同梦想,但越是临近目标的实现,深层次的瓶颈问题越需要引起重视。基础教育资源配置模式如何适应经济社会发展的要求,如何满足教育发展的需要,显然还需要进一步的改革。从本书来看,不管是资源配置的价值取向、配置主体、配置客体、配置方式,还是教育资源的种类,都在悄然变化,而新型城镇化无疑为基础教育资源配置变革带来了机遇与挑战,这关涉基础教育资源配置的未来走向,显然是一个十分关键的问题,因此本章还想花点笔墨作进一步探讨。

一、基础教育资源配置模式影响因素再分析

教育资源是教育赖以生存和发展的基础。顾明远在《教育大辞典》中认为:"教育资源是在社会总资源的配置中,教育领域所获得的人力、财力、物力条件。"财力资源是另外两种实体资源的货币形式。康宁扩展了教育资源类型,认为"教育资源不仅涉及财力资源、人力资源和物力资源,也包括时间和空间资源、制度资源和信息资源等"。[1] 因此,可以从广义和狭义上来理解教育资源,"广义的教育资源指涉整个教育资源系统,狭义的教育资源仅指教育的财力资源。"[2] 本研究认为,教育资源应该指所有参与教育和服务教育的资源组合,包括物质资源、财政资源、人力资源、时间和空间资源、文化资源、信息资源、制度资源、政策资源等,这些资源构成了一个完整的教育资源系统。

模式是对系统各要素及其关系的表述。教育资源配置模式,即指教育资源配置过程中各要素及其关系。一般地,教育资源配置过程有以下要素。

(1) 教育资源配置的价值取向

资源配置本身不是目的,而是通过资源配置去实现一定的目的,而确定某一目的,背后一般有潜在的价值取向。如学前教育追求普惠、义务教育追求均衡、高中教育追求多样化,看似不同的表述,其背后都有对基础教育的深刻理解,基础教育既是对个人终身发展的奠基,也是社会公平正义的基石,所以不管是普惠、均衡还是多样化,虽然本质上都强调公平,但普惠与均衡更多地表现为形式公平,如机会公平,而多样化则属于实质公平,如结果公平,使每个人获得符合自身潜能的发展。价值追求的区别,导致教育资源配置模式迥异。

---

[1] 康宁.中国经济转型中高等教育资源配置的制度创新[M].北京:教育科学出版社,2005:101,406,414.
[2] 曹忠正,陶美重.建国以来我国高等教育资源配置方式比较分析[J].天中学刊,2010,25(3):9-12.

（2）教育资源配置的主体

是指由谁来进行教育资源分配，谁拥有分配教育资源的权力。通俗点讲，就是教育资源的来源。在新型城镇化背景下，大概可以包括国家、企业和个人。根据资源分配主体的不同，可以形成不同的教育资源分配模式。如有的专家认为过去基础教育资源分配模式主要是两种：政府资源配置模式、市场资源配置模式。也有人认为，在当前情况下，各相关主体一般都会发挥一些作用，只是大小不等，根据不同主体发挥作用的情况可能构成不同的教育资源分配模型。

（3）教育资源配置的客体

是指接受教育资源的个人或机构，既可以是一级教育行政组织、具体的教育机构，也可以是具体的个人，如省、市（地）、区（县）级教育行政部门，或学校、幼儿园、与教育有关的企事业单位，或教师、学生与家庭。针对不同的接受者，分配的资源种类及分配的方式都会有区别。

（4）教育资源的分配方式与获取方式

是指教育资源通过什么途径，以什么方式到达资源接受者。不同的教育资源配置权限、作用方式、配置机制可以形成不同的教育资源配置模式。如省级政府为了补助区（县）基础教育经费，往往会根据一定标准向区（县）政府实施教育经费的转移支付；或者通过专项经费，指定用途与时限，重点解决基础教育发展中的某些问题。

（5）教育资源种类

如果以广义的教育资源理解，应该是一个教育资源系统，包括硬件资源与软件资源，具体而言有物质资源、财政资源、人力资源、时间和空间资源、文化资源、信息资源、制度资源、政策资源等。不同的教育资源种类，能分配的主体及接受的客体都会不一样，分配的途径和方式也有区别，所以不同的教育资源种类一般会有不同的分配模式。如公办中小学校舍资源，一般是政府规划、设点布局，然后一部分由政府建设，交区（县）教育局具体使用；或者由开发商、企业等市场主体建设，交区（县）教育局经营使用等等。

上述五个要素，既各有特点，又相互影响，每个要素都可能影响教育资源的分配模式，五者之间的各种组合就构成了不同的教育资源配置模式。所以影响这五种要素或其组合，也就会对基础教育资源配置模式产生影响，就目前来看，以下方面带来的影响最显著。

（1）经济社会发展水平

经济社会发展一方面会对教育发展提出需求，另一方面也会给教育发展提供物质支撑，它会在资源的种类、层次及资源配置方式等方面产生直接影响。正如前面各章的分析,不论学前教育、义务教育、普通高中教育还是中等职业教育,都存在东、中、西部的差异问题,这主要是由它们之间的经济社会发展水平差距而导致的。正因为这样,东、中、西部地区的资源配置取向、资源种类,甚至配置路径都会有明显差异。如东部地区更强调内涵、质量和软件资源配置,更希望市场在资源配置中发挥更大的作用;而中、西部地区更强调基本办学条件的满足,更希望政府在资源配置中发挥更大的作用。

(2) 教育发展水平

教育发展水平不同,意味着其内在的发展需求及面临的问题会不一样,从而需要的资源种类及层次自然会有区别。如上海多年来义务教育入学率保持在99.9%以上,普及九年制义务教育的各项指标均达到或超过国家标准;高中阶段新生入学率近99%,显然义务教育及高中阶段的普及需求不会像有的地方那样强烈,而对内涵发展、质量提升则要求更高,所以上海对基础教育提出了高位均衡的要求,而全国一般是提"区域内基本均衡",且主要强调硬件设施。

(3) 教育产品的性质

教育产品的性质从合理性上规定了资源供给的模式。教育从本质上来说是公共产品,根据竞争性和排他性,又可以分为纯公共产品和准公共产品。就义务教育而言,它属于免费的、强制的和普及的教育,是国家保证要为所有适龄儿童提供的,且所有适龄儿童有义务接受的教育,具有非竞争性和非排他性的特征,应为纯公共产品,理应由国家负责。但学前教育、普通高中教育、中等职业教育,不属于义务教育,资源有限,适龄儿童要在满足一定条件的情况下才能就读,且产生的成果既可以为个人带来效益,也可以给社会和国家带来效益,总体上在一定条件下具有一定程度的竞争性和排他性,所以可以归为准公共产品范畴,这样国家是负责主体之一,社会与个人也应根据其受益大小,承担相应的责任。也正因为这个道理,学前教育、普通高中教育、中等职业教育资源的提供主体应该更加多元。也正因为这样,当新型城镇化提出"市场主导、政府引导"的原则时,要根据教育产品本身的性质做出符合教育特点的选择,并做符合教育发展实际的安排。

(4) 基础教育管理体制

基础教育管理体制从合法性上规定了教育资源配置的模式。如在1985年教育体制改革之前,1949年以后的基础教育管理沿用计划经济时代的做法,一般是由政府大包大揽,很少有市场与个人的作用发挥,是典型的"人民教育国家办"。1985年,中共中央、国务院颁发了《中共中央关于教育管理体制改革的决定》,对我国基础教育管理体制作了明确的规定:"基础教育管理权属于地方。除大政方针和宏观规划由中央决定外,具体政策、制度、计划的制定和实施,以及对学校的领导、管理和检查,责任和权力都交给地方。"1986 年颁布的《中华人民共和国义务教育法》又以法律形式规定"义务教育事业，在国务院领导下，实行地方负责，分级管理"。自此直至 2000 年，我国基础教育实行"地方负责，分级管理"的制度，形成"人民教育人民办"的局面。2001 年国务院颁布的《关于基础教育改革与发展的决定》提出："从 2001 年起，将农村中小学教师工资的管理上收到县，……由财政部门根据核定的编制和中央统一规定的工资项目及标准，通过银行直接拨入教师在银行开设的个人账户中。在此基础上，为支持国家扶贫开发工作重点县等中西部困难地区建立农村中小学教师工资保障机制，中央财政将给予适当补助。"2002 年国务院办公厅印发的《关于完善农村义务教育管理体制的通知》，进一步提出"农村义务教育实行'在国务院领导下，由地方政府负责、分级管理、以县为主'的体制。县级人民政府对农村义务教育负有主要责任，省、地(市)、乡等地方各级人民政府承担相应责任，中央政府给予必要的支持"，正式确立了"分级管理、以县为主"的基础教育管理体制，形成"人民教育区(县)办"的局面。管理体制的不同，实质上是划分了各级政府的职责与权限，也就规定了基础教育资源配置的基本模式。

由此可见，经济社会发展水平、教育发展水平、教育产品的性质和基础教育管理体制等方面共同决定了基础教育资源配置模式。但本书主要是研究新型城镇化对资源配置模式的影响，所以还得重点分析新型城镇化对基础教育资源配置模式的影响。

二、新型城镇化影响基础教育资源配置模式的再分析

新型城镇化是如何影响基础教育资源配置模式的呢？严格地说，新型城镇化属于经济社会发展概念，它对基础教育资源配置模式的影响可以沿着这一思路进行分析。一般地，新型城镇化中的产业结构调整、城市形态变化、人口从农村向城镇集中，是三个相互影响的要素。通过人口由农村向城镇流动，产生人口布局变化，导致人口的聚集形态发生改变，从而使城市和农村面貌产生改变，而人口布局的变化也需要产业结构调整作为支撑，否则不可持续。产业结构的调整需要教育提供智力支撑，人口布局的变化直接导致对教育需求的量与质的变化，教育资源配置必须紧随跟上。所以，新型城镇化大概会从以下方面影响基础教育资源的配置模式。

(一)根据人口布局变化配置基础教育资源

随着新型城镇化的推进，人口布局大致会出现以下趋势：一是城镇人口会快速增长。根据新型城镇化规划设想，到 2020 年达到城镇化率 60% 的水平，意味着每年城镇人口要增加近 1 个百分点，也即 1 000 万人左右。二是中西部地区城镇人口会较快增

长。根据规划设想，东部地区是优化提升城市群，中西部地区是培育发展，今后中西部地区在城市及城市群建设方面步伐会加快，规模肯定会更快扩大，所以中西部地区城镇人口会更快增加。三是中小城镇人口会更快增长。根据分类发展的策略，全国城市划为特大城市、大城市、中等城市、中小城市、小城市、建制镇六个层级，对特大城市、大城市人口会适度控制，对中等及以下城镇会适度放开，这样特大及大型城市人口会逐步得到控制，而中等及以下城市人口会有一个较快增长的过程。尽管在总体上有了一个规划，但现实中人口究竟如何迁移还要受许多因素制约，这关键在于城镇对迁移人口的吸引力，所以既要加强研究，寻找城镇对人口迁移的拉力要素，又要加强不同区域之间的协同与合作，在信息上互通，在政策上衔接。

基础教育也是公共服务，根据政策规定，理应对常住人口全覆盖，但由于在新型城镇化过程中，人口流动性强，其迁徙目的地及规模在一定程度上具有不可预知性和不可控性，而教育资源配置要与人口规模及其结构相适应，且具有一定程度的稳定性，这样流动性与稳定性之间就构成了一对矛盾，这对矛盾在当前已经影响了教育资源的均衡配置，导致城镇尤其是城郊接合部教育资源的载荷过重，出现了大量的大班额现象，而农村由于人口导出，小规模学校和小班额则大量增加，出现资源浪费现象。

如何解决这一问题，势必牵涉到要改变基础教育资源的配置方式，既要扩大城镇基础教育资源规模，满足常住人口子女的就学要求，又要在确保公平的基础上，提升农村基础教育资源的使用效益。而要实现这一目的，从大的方面说，要借助新型城镇化的东风，构建全国范围的人口流动监测系统，把握人口城镇化的趋势，为中小学幼儿园校舍设点布局及其他教育资源配置提供相对准确的人口数据。从统筹层次而言，应该加强省级政府的统筹功能，这可能要突破"分级管理，以县为主"的管理体制，一方面人口迁移要跨城乡、省市，县级机构实难承担，甚至还会造成人为的壁垒；另一方面城市群建设更多地涉及省际间的协作，县级部门更是鞭长莫及。从操作层面而言，一定要推进基础教育资源城乡一体化，一方面统筹规划城乡基础教育资源，能最大限度地确保基础教育资源配置在城乡间的均衡配置；另一方面也可以落实以城带乡、以工促农的要求。

（二）根据农村转移人口市民化要求配置基础教育资源

新型城镇化是以人为核心的城镇化，这就要求城市建设要更加人性化，建设宜居、绿色城市，更为重要的是要促进农村迁入城市人口的市民化。正因为这样，新型城镇化对户籍制度改革、教育、医疗、就业和社会保障等城市公共服务做了政策规定，并设计了推进机制。在教育方面，对农业迁入人口的就业培训和农民工随迁子女接受教育方面提出了要求。但是由于户籍制度尚未产生根本性改革，户籍制度所附加的各种利益并未完全改变，城市里"二元分治"的现象依然存在，农业迁入人口比较难以在城里接受到合适的职业教育，农民工随迁子女也比较难在城市接受平等的教育。

为解决这一难题，针对农民工接受教育的问题，要加强劳动部门、企业、社区和个人的协作。要发挥企业和社区的教育功能，通过企业为所雇人员进行职业技能培训，通过社区教育为进城农业人员进行通识教育、职业教育、家庭教育等，使他们在参与城市建设的过程中，更好地融入城市的生活与工作，保障进得来、留得住、过得好；针对农民工随迁子女，坚持按常住人口配置基础教育资源，让外来务工人员子女享受与户籍人口子女平等的教育；同时要在学校课程、教学与评价方面进行适当的调整，发挥城市包容的优势，建设多元文化，既让来自各地乡村的文化精髓在城市得到延续，也让农民工随迁子女理解和传承城市文化，并融入城市的学习与生活。

由此可见，要更好地实现迁入城市的农业人口市民化，在基础教育资源的配置主体上要突破单纯的教育主体，需要纳入劳动部门、企业和社区等；在可以配置的资源种类上，需要有更多的社会行业资源的参与。

（三）根据农村人口急剧减少的实际配置基础教育资源

随着新型城镇化的推进，农村人口会急剧减少，尤其那些生活条件相对艰苦的地方，人口流出的规模与速度会逐步加大，农村开始出现空心化现象，村庄规模逐步缩小。随着农村人口的逐步减少，农村适龄儿童也会减少，于是小规模学校、小班额现象会逐步增加，这样就给基础教育资源配置提出了挑战。如果根据过去按人头标准配置教育资源的方式，这些小规模、小班额学校只会得到更少的资源，甚至连日常的运作也保障不了，从而导致农村教育质量的下滑，这就会进一步拉大城乡教育的差距。更为严重的是，由于农村教育的下滑，一部分农村家庭尽管不在城里居住，不在城市工作，也会想尽一切办法，通过择校送子女到城区就读，这样一方面会进一步加重城区教育资源的负担，另一方面会在农村形成不好的教育生态，并进一步给农村教育造成难以挽回的负面影响。

为此，在新型城镇化推进政策中，明确要求要合理配置教育资源，重点向农村地区倾斜。要推进义务教育学校标准化建设，加强农村中小学寄宿制学校建设，提高农村义务教育质量和均衡发展水平。积极发展农村学前教育，加强农村教师队伍建设，建立健全新型职业化农民教育、培训体系。

要实现这些要求，首先要根据美丽新农村的建设要求，妥善处理公平与效率的关系，加强农村基础教育发展规划，根据农村居民的教育需求及发展趋势，以中小学幼儿园合理的服务半径为依据，对中小学幼儿园进行科学的设点布局，慎重撤并小规模学校。其次，要适当提高农村学校幼儿园设施设备的配置标准,加强农村学校信息技术建设,提高农村教师待遇,保障农村学校幼儿园配置的较高水平,为提升农村教育质量提供条件。最后,要切实促进城乡一体化,从城乡一体的角度,通过城乡结对、委托管理、集团办学等机制,推动教育资源要素在城乡间有效流动,真正落实以城带乡、以工促农的要求。

三、构建多元、灵活、适切、有效的基础教育资源配置模式的设想

随着新型城镇化的深入推进,新型城镇化对基础教育资源配置的影响也会逐步显现,如何变革传统基础教育资源配置模式,使基础教育发展适应经济、社会、人口的快速流动与变化,有效满足不同地区、不同群体的变化着的多样化的教育需求,是需要进一步研究的问题。为了促进基础教育"规模、结构、效益、质量"的协调发展,为学生健康快乐成长提供充足的资源,根据上述对基础教育资源配置模式影响因素的分析,我们提出构建一个多元、灵活、适切、有效资源配置模式的设想。

(1) 多元:目前基础教育资源分布地区差异、学段差异较大,比较而言,中西部地区、学前教育阶段资源不足。但中西部地区经济发展相对落后,地方财政难以支撑,中央转移支付又难以精准及时;学前教育属于非义务教育,尽管政府有义务推进普惠性幼儿园的建设,但也不能大包大揽。政府要明确制订规划、颁布标准、检查评估职能,主要财力用于保基本、促达标。同时,政府要制定相应的政策与规范,尽快修订《民办教育促进条例》,鼓励社会资源参与中西部地区和学前教育的办学,吸引多元主体参与基础教育资源投入、分配、使用与评估过程,既解决财政不足的问题,满足社会对教育资源的多样化、个性化需求,又有利于形成基础教育治理体系,激发办学活力,提升教育资源使用效益。

(2) 灵活:由于基础教育资源分布的地区差异及动态变化,导致统一的教育资源配置标准失效。中国基础教育资源分布极其复杂,东部地区资源丰富,教育资源不比世界发达国家差,但中西部地区相对缺乏,有的连片贫困地区甚至还只能普及六年义务教育。事实上很难以一条标准来要求不同地区配置同样的教育资源,比较可行的办法是:国家制订最低标准,保障基本教育条件,各地在保证达标的基础上,根据自身实际颁布高于国家标准的地方标准,这样就能满足不同地区教育发展的需求。同时,由于教育资源尤其是校(园)舍资源的相对固定性,与人口或教育需求在新型城镇化背景下的快速流动性之间形成尖锐矛盾,一方面城镇地区大班额现象突出,另一方面郊区农村小规模小班额现象越来越普遍,而且这些现象还在不断变化,导致教育资源配置标准难以适应不断变化的形势,但管理部门又不可能频繁调整标准,那样既不严肃,也容易丧失权威。建议政府部门在拟订基本标准的基础上,可以设定一个调整机制和折算标准。如在郊

区农村地区,当班额或学校规模低于多少人时,为了保障学校的正常运作和办学效益,确定一个折算标准,但要明确操作的主体及程序。

(3) 适切:由于教育资源配置过于依赖政府,习惯了根据一定标准自上而下的资源分配机制,加之低效迟缓的政府采购制度及教育经费分配的事权与财权的不统一,一定程度上导致了教育资源供给与资源使用主体需求之间的错位,使按需供给打了折扣,造成了一定程度的浪费。建议:根据事权与财权统一的原则,合理确定教育行政部门的经费分配权,使教育经费的分配更加符合教育发展的需要;依法保障区县政府及学校在资源配置中的权力,构建根据教育资源属性和种类按级划定分配权的体制;完善教育预算制度,完善资源自下而上的配置机制,完善政府采购制度;建立利益相关者对资源投入、分配、使用进行监督评估的制度,促进教育资源分配与使用的公开、公平与公正。

(4) 有效:教育资源配置的最终目的是保障受教育者健康快乐成长,具体而言有两个指向:一是保障受教育者享受到宪法所赋予的公平接受教育的权利;二是不断提升教育质量,使受教育者得到合适的发展。因此,宏观上,基础教育资源配置要进一步缩小城乡之间、地区之间、学校之间及人群之间的过大差异;中观上,主要指区县内,要进一步促进区县内实现义务教育基本均衡,并培育符合教育规律适合当地实际的教育特色;微观上,要进一步放活,保障教育资源直接为学生发展服务,满足教育教学的需要,体现教育性。建议:完善教育资源配置效果的评估机制与绩效问责机制,前者根据不同层级的要求,评估资源配置的适当性和有效性,后者对教育资源配置低效、无效甚至浪费行为进行追责。

四、构建新型基础教育资源配置模式的着力点

(一) 针对不同问题,采取不同的教育资源配置政策

1. 针对城镇和郊区农村面临的不同问题,采取城乡一体化政策

随着新型城镇化的推进,城镇地区人口快速集聚,大规模学校与大班额现象普遍,而郊区农村地区人口则较快减少,导致小规模小班额现象越来越普遍。解决城镇大规模大班额现象主要靠增加教育资源和优化校(园)的结构布局,而解决郊区农村小规模小班额现象则既要保障公平受教育机会,又要提高教育资源使用效益。因此,城镇地区应该根据经济社会人口变化的情况,坚持按照常住人口规模配置基础教育资源,保证校(园)舍建设与社区规划同步、与社区建设同步、与社区使用同步,确保教育公共资源不缺配、漏配。而郊区或农村地区,则要合理规划校(园)舍布局,做到覆盖范围合理,方便

农村及郊区学生上学,也可适当建设一些寄宿制校(园)舍,为一些就学困难的学生提供必要条件。从城乡一体的角度,设计一定的鼓励政策与机制,促进教育资源在城市和农村之间共享与交流;借助现代信息技术,构建网络教学平台,让农村学生不离家就可享受与城里学生平等的优质教育资源。

2. 针对不同学段面临的重点任务,采取有区别的政策

学前教育主要是解决普惠性问题,关键是学前教育资源总量不足;义务教育主要是解决优质均衡问题,就全国而言,要进一步提高巩固率,进一步缩小东、中、西部地区差异,在新型城镇化背景下,既要重视城乡差异,又要一体化统筹解决城乡差异;高中教育主要是解决普及与多样化问题,普及问题重点在中、西部地区,总体上还是资源不足和普及结构失衡,多样化问题关键是资源配置如何保障高中学校由分层办学向分类办学转向。所以,针对学前教育应该制定政府主导下的多元主体参与办学的机制,以期较快地增加教育资源,同时要挖掘师范院校的潜力,扩大学前教育师资的培养与培训规模,满足学前教育对师资的需求。义务教育一方面要合理规划和增加城镇教育资源,另一方面要合理布局郊区及农村教育资源,还要重点抓好软件资源配备,促进内涵发展,提升教育质量,满足人民群众对优质教育资源的需要。高中教育则要通过政策引导,吸纳社会资源参与办学;要切实保障学校办学自主权,引导学校为保障改革和办出特色而合理地配置课程教学与师资等资源;要优化中等职业教育资源,提升职业教育质量,同时减免贫困家庭就读职业学校的学杂费,提高职业教育的吸引力。

3. 针对贫困地区,采取精准扶持政策

受自然环境以及基础设施、要素流动、资源不足、教育保障等诸多因素的限制,农村边远山区、少数民族地区、集中连片特困地区的教育发展水平仍然较为落后。在学前教育普及方面,尽管2010年全国平均已达到60%以上,但中、西部贫困地区尤其是连片特困地区、少数民族地区、农村边远山区相当数量的县低于30%。九年义务教育巩固率中、西部地区较低,特别是西部地区不到90%。高中阶段毛入学率全国平均超过80%,但30多个中、西部地区的地级市低于50%。这些地区在学前教育、义务教育、高中阶段教育等方面"保基本"的任务仍然十分艰巨。建议采取精准扶助政策:一方面针对困难家庭学生全面实施学前教育、义务教育、高中阶段教育减免学杂费政策,并补助基本的餐费、课本费,对路途遥远的学生补助住宿费和交通费;另一方面对有学生就学的困难家庭提供一定的经济资助,鼓励困难家庭送子女上学,免除因学致贫的担忧。同时,要加强教育法制与政策的宣传与教育,让老百姓明白接受教育是法律赋予的权利与义务。

4. 针对外来务工人员随迁子女，采取与新型城镇化相匹配的政策

新型城镇化，是以人为本的城镇化，不仅仅是将农村人口转化成城镇人口，关键还要促进人的市民化，教育在其中将起着十分重要的作用。到2020年我国城镇人口还要增加1亿，但这1亿人是有分别地流入不同城市，不同规模的城市将有不同的人口政策。教育资源配置应该以人口政策为依据，坚持以常住人口为基数配置教育资源，坚持基本公共服务覆盖所有常住人口。为此，一要完善常住人口管理平台的建设，及时准确反映常住人口的变化态势，为优化基础教育资源配置提供客观的测算依据；二要明确外来务工人员随迁子女在城里就学的资格，强化流入地政府的责任，依法保障外来务工人员随迁子女平等的就学权利；三要加强流出地与流入地政府间的协调，明确各自的职责与义务。

5. 针对不同资源要素采取不同的配置方式

传统的教育资源主要是指人、财、物，后来又把信息、政策、时间与空间等方面包含进来。讲资源配置模式，一般是从总体上解释教育资源配置的习惯方式，但本书认为，当面对不同的教育资源种类时，由于教育资源的属性不一样，资源的生成、资源的呈现、资源的流动方式及人们的消费习惯与方式都会不一样，这就导致不同教育资源种类肯定要以不同的方式进行分配，才能物尽其用、物有所值。如我们通常讲的财政性教育经费的分配，一般有政府间的转移支付、专项经费等办法。但教师资源的配置呢？主要是通过人力资源市场进行配置，供需双方签订劳动合同建立聘用关系，当教师进入教育工作岗位后，教育部门可以通过一定的培训制度和流动制度，进一步提升师资队伍质量、优化教师结构与分布。再看信息资源，信息是一个十分广泛的概念，如某校通过教育科研，形成了有效的教育教学方法，这对于其他学校而言是有用的信息。在传统上，信息可以通过发送信息简报和开展科研成果交流活动使大家了解，在今天还可以通过互联网技术使大家能更快更便捷地获取，也可以通过建立研修机制、深化研究项目，进一步推进科研成果的推广与转化。所以，不同种类的教育资源，其配置的方式可以有很大的不同。

（二）加大督导评估力度，进一步优化基础教育资源配置

健全督导评估制度，加大督导评估力度，是优化基础教育资源配置的重要途径，也是完善现代教育治理体系的重要一环。一是督促有关部门与地方落实有关教育资源配置政策；二是全面评估教育资源配置的规模、结构、效益与质量，提升教育资源配置的科学性与合理性。当前，一方面要尽快完成义务教育区县内基本均衡的检查验收，落实有关基本均衡的政策，确保基本办学条件；另一方面要建立专门的资源配置评估制度，形

成全国、省市和区县三级评估机制。全国评估负责对全国教育资源配置情况进行评估，如东、中、西部地区差异，各省市教育资源配置状况评估，全国重大资助项目实施情况评估；省市评估则负责对本省市资源配置情况、省市范围内区县教育资源配置情况及国家和省市重大资助项目进行评估；各区县评估负责对区县内资源配置情况及学校资源使用情况进行评估。探索建立第三方评估机制，提高评估工作的专业性、客观性。要总结教育资源配置的先进经验，建立奖励制度，搭建教育资源配置优秀经验交流与分享平台，支持各地借鉴国内外的先进经验创造性地解决教育资源配置的重点、难点问题。

参考文献

[1] 谈松华.新型城镇化与教育[M].上海:同济大学出版社,2016.

[2] 栗玉香等.义务教育财政均衡:政策与效果——基于北京市的实证分析[M].北京:经济科学出版社,2009.

[3] 傅禄建,汤林春.义务教育均衡发展程度测评:综合教育基尼系数方法[M].上海:华东师范大学出版社,2013.

[4] 康宁.中国经济转型中高等教育资源配置的制度创新[M].北京:教育科学出版社,2005.

[5] 瞿葆奎.教育学文集·美国教育改革[M].北京:人民教育出版社,1990.

[6] [美]理查德·A·金,奥斯汀·D·斯旺森,斯科特·R·斯威特兰.教育财政——效率、公平与绩效[M].曹淑江等,译.北京:中国人民大学出版社,2010.

[7] [美]小弗恩·布里姆莱,鲁龙·R·贾弗尔德.教育财政学——因应变革时代[M].窦卫霖,译.北京:中国人民大学出版社,2007.

[8] 联合国教科文组织.反思教育:向"全球共同利益"的理念转变[M].联合国教科文组织中文科,译.熊建辉,校译.北京:教育科学出版社,2017.

[9] 邬志辉.城乡教育一体化:问题形态与制度突破[J].教育研究,2012(8):19-24.

[10] 王建.城乡一体化义务教育发展战略和机制——基于苏州和成都的实践模式研究[J].教育研究,2016(6):43-50.

[11] 陆大道,陈明星.关于"国家新型城镇化规划(2014—2020)"编制大背景的几点认识[J].地理学报,2015,70(2):179-185.

[12] 孙雅姗.我国新型城镇化的提出背景及现实意义[J].西安文理学院学报(社会科学版),2014(5):87-91.

[13] 单卓然,黄亚平."新型城镇化"概念内涵、目标内容、规划策略及认知误区解析[J].城市规划学刊,2013(2):16-22.

[14] 张鸿雁.中国新型城镇化理论与实践创新[J].社会学研究,2013(3):1-14.

[15] 曹丽媛.城乡教育一体化视阈下义务教育师资均衡配置研究——以山东省W市为例[D].淮北师范大学,2014.

[16] 方建华,邓和平.困境与出路:民办幼儿园发展问题探究[J].中国教育学刊,2014(10):45-49.

[17] 冯婉桢,吴建涛.城镇化与我国学前教育资源宏观配置效率研究[J].教育研究,2016(3):84-91.

[18] 冯晓霞,蔡迎旗,严冷.世界幼教事业发展趋势:国家财政支持幼儿教育[J].学前教育研究,2007,(5):3-6.

[19] 梁慧娟.我国地方普惠性民办园教师政策分析及其启示[J].学前教育研究,2014(6):30-38.

[20] 周永明,张建萍.政府主导的学前教育发展制度设计与选择——以宁波市江北区慈城镇为例[J].

学前教育研究,2011(3):3-10.

[21] 常晶."安吉游戏"为什么能成功——浙江安吉学前教育改革启示录(下)[N].中国教育报,2016-10-29.

[22] 丁秀棠.北京两区"政府委托办园"实践的模式分析与思考[J].学前教育研究,2013(10):9-14.

[23] 李辉.我国学前教育发展中的公私合作:模式与特点[J].教育发展研究,2014(18):22-28.

[24] 姚根静.基于教育券思想对我国幼儿教育券政策的分析[J].学前教育研究,2013(10):15-20.

[25] 张羽寰,孟伟,李玲.从"特色学校"到"自由学校"——英国多路径改进薄弱学校政策述评[J].上海教育科研,2012(6):31-34.

[26] 李文利,曾满超.美国基础教育"新"财政[J].教育研究,2002(5):84-89.

[27] 方芳.评述美国"教育财政充足"的发展[J].比较教育研究,2010(1):67-71.

[28] 李进忠.美国学校规模小型化:政策、研究与实践[J].全球教育展望,2004,33(2):78-80.

[29] 李震英.韩国教育公平政策走向[J].基础教育参考,2010(1):28-31.

[30] 姜英敏.从"平等"到"追求卓越"——浅析韩国义务教育理念变迁[J].比较教育研究,2008(12):62-66.

[31] 曹忠正,陶美重.建国以来我国高等教育资源配置方式比较分析[J].天中学刊,2010,25(3):9-12.

[32] 刘颖,冯晓霞.政府购买学前教育服务的方式及其特点与影响[J].学前教育研究,2014(11):20-22.

[33] 柳倩.我国学前教育推行公私合作模式的风险及其规避:国际的视角[J].教育发展研究,2016(20):34-40.

[34] 张曾莲.我国学前教育成本分担研究[J].价格理论与实践,2012(6):51-52.

[35] 姜峰,程晴晴.政府资助计划推动下的新加坡学前教育发展及其启示[J].外国教育研究,2013(6):36-43.

[36] 庞丽娟,范明丽."省级统筹以县为主"完善我国学前教育管理体制[J].教育研究,2013(10):24-28.

[37] 赵明玉,杨秀玉.英国普惠性学前教育政策及启示[J].外国教育研究,2014(8):54-61.

[38] 周欣.建立全国性学前教育质量监测体系的意义与思路[J].学前教育研究,2012(1):23-27.

[39] 张国强.教育资源配置的价值取向问题研究[J].山东高等教育,2015(3):21-25.

[40] 刘志军,王振存.走向高位均衡:基础教育改革与发展的应然追求[J].教育研究,2012(3):35-40.

[41] 赵琦.基于DEA的义务教育资源配置效率实证研究——以东部某市小学为例[J].教育研究,2015(3):84-90.

[42] 曹雁,罗朝猛.20世纪美国教育的国家主义倾向考察[J].江苏第二师范学院学报,2006(3):69-73.

[43] 孙颖.内部异质化的乡村教师队伍建设研究[J].中国教育学刊,2016(9):82-85.

[44] 李国伟. 中西部农村高中多样化发展面临的挑战及对策[J]. 教育探索,2014(1):85-87.

[45] 张珊珊,汪明. 经费保障内涵提升规范办学——寻求突破:普通高中发展亟待解决三大问题[J]. 中小学管理,2015(3):18-20.

[46] 孙兴华,马云鹏. 兼具深度广度:新加坡基础教育改革的启示[J]. 外国教育研究,2014(6):68-78.

[47] 杨公安. 县域内义务教育资源配置低效率问题研究——基于公共选择理论视角[D]. 西南大学,2012.

[48] 张金英. 城乡教育一体化的动力机制及战略研究[D]. 天津大学,2010.

[49] 许丽英. 教育资源配置理论研究——缩小教育差距的政策转向[D]. 东北师范大学,2007.

[50] 孙素雅. 政府购买学前教育服务研究[D]. 东北财经大学,2016.

[51] 隋莹. 美国教育券制度的实施状况探析[D]. 东北师范大学,2008.

[52] OECD review of policies to improve the effectiveness of resource use in schools: design and implementation plan for the review[R]. 2015.

[53] Sandra McNally. Schools: Organisation, Resources and Effectiveness[A]. Robert Cassen, Sandra McNally, Anna Vignoles. Making A Difference in Education: What the Evidence Says[M]. Routledge. 2015.

[54] Daniel L Duke. A bold approach to developing leaders for low-performing schools[J]. Management in Education, 2014, Vol. 28(3):80-85.

[55] United States General Accounting Office. School finance: State efforts to equalize funding between wealthy and poor school districts[R]. 1998-01.

后记

在中国教育发展战略学会和经济学界的大力支持下，中国教育发展战略学会成立了新型城镇化进程中的教育战略与人才培养研究课题组，中国教育发展战略学会名誉会长郝克明，中国教育发展战略学会会长、原北京大学党委书记闵维方，著名经济学家、北京大学资深教授厉以宁，中国城镇化促进会执行会长、中国国际经济交流中心副理事长、原中共中央政策研究室副主任郑新立担任学术顾问，密切关注和精心指导课题的研究。2016年，上海市教育科学研究院普通教育研究所承担了"新型城镇化背景下基础教育资源配置研究"的课题。

习近平总书记在党的十九大报告中明确提出，在新时代全面建成小康社会和基本实现现代化的目标，并敏锐指出我国的主要矛盾已经转变成人民群众对美好生活的追求与发展不平衡不充分的矛盾。如何进一步促进基础教育均衡发展、充分发展将是今后一段时期的主要任务和矛盾。经过几年的调查、分析与研讨，我们认为基础教育资源配置模式主要受地方经济发展水平、教育发展水平、教育产品的性质、基础教育管理体制等因素的影响。新型城镇化是一种综合影响因素，城镇化过程中人口布局变化、农村人口市民化及农村人口减少必然为基础教育资源配置带来挑战，但城镇化也给基础教育资源带来机遇。为了促进基础教育"规模、结构、效益、质量"的协调发展，为学生健康快乐成长提供充足的资源，基础教育领域要构建一个多元、灵活、适切、有效的资源配置模式。为此，我们针对学前教育资源相对不足，存在入园难、入园贵等问题，提出以普惠性为原则，合理配置教育资源；针对义务教育属于基本公共服务范畴的特点，结合发展不平衡且质量需进一步提升的现实，提出以有质量的公平为原则配置教育资源；针对普通高中教育中从分层发展到分类发展的问题，提出以多样特色发展为原则配置教育资源；针对中等职业教育中如何与经济社会发展水平相适应，如何与教育发展水平相适应，如何与老百姓的需求相适应等问题，提出以匹配性为原则配置教育资源。在这些观点的指导下，各专题具体分析了问题，提炼了国内外的经验，呈现了国内外的案例，也提出了进一步的政策建议。

本书就是对这些研究的全面梳理。全书采用"总—分—总"的框架结构：第一章阐述新型城镇化对基础教育资源配置带来的机遇与挑战，由汤林春撰写；第二章阐述基础教育资源配置的基本理论，提出新的资源观，由李伟涛撰写；第三章学前教育资源配置，由潘琼、汤杰英撰写；第四章义务教育资源配置，由吕星宇、严加平撰写；第五章高中教育资源配置，由徐士强、李谦撰写；第六章中职教育资源配置，由张晨撰写；第七章重点

后　记

介绍基础教育资源配置的国际经验,由张晓峰等撰写;第八章作为收尾,进一步从整体的角度反思基础教育资源配置的影响因素及可能模式,并明确提出多元、灵活、适切与高效的基础教育资源配置模式,由汤林春撰写。虽然观点未必准确,建议未必到位,但材料丰富,思想鲜活,对教育决策部门和相关研究部门具有一定的借鉴意义。

在本书即将付梓之际,由衷地感谢关心和支持本课题的中国教育发展战略学会顾问谈松华研究员、常务副会长张双鼓教授,在他们的鼓励下,我们才有勇气一步一步走下来。谈松华研究员不仅审核书稿,还亲自对本书作序。张双鼓教授审阅了书稿,并提出许多建设性建议和意见。同济大学副校长江波博士对本书的出版给予了关心与支持。上海市教委贾炜副主任、焦小峰副处长也给予了指导与支持。还要感谢我们一起奋斗的伙伴们,难以忘怀我们赴甘肃调研在宾馆走廊里深夜研讨的情景,难以忘怀我们为每一章、每一个观点进行辩解的场景,是你们的真诚与汗水铸造了本书的每一个字符。真诚感谢每一位奉献者与支持者!

同济大学出版社副总编辑江岱对该书的出版给予了积极的支持,并为该书进行了精心的编辑加工和审校。

为此,谨向以上有关部门领导、专家学者,以及关注该丛书的广大读者,致以衷心的感谢和崇高的敬意。

汤林春　李伟涛

2017 年 12 月